Viva a Vida!

EDITORA EME

Edição e distribuição: ***EDITORA EME***
Caixa Postal 1820 – CEP 13360-000 – Capivari-SP – Fone/fax: (19) 3491-7000 / 3491-5449
E-mail: vendas@editoraeme.com.br – Site: www.editoraeme.com.br

---

José Carlos A. Cintra

Viva a Vida!

Capivari-SP

– 2009 –

Viva a Vida!

José Carlos A. Cintra

2ª edição - setembro/2009 - Do 3.001 ao 6.500 exemplares

Capa:
Abner Almeida
Foto da capa: Fabio Bussolan Cintra

Revisão de texto:
Ismael Angelo Cintra
iangeloc@yahoo.com.br

Diagramação:
Editora EME

Nova Ortografia:
Livro revisado de acordo com o
Novo Acordo Ortográfico da Língua Portuguesa.

Ficha Catalográfica

Cintra, José Carlos A.
Viva a vida!, José Carlos A. Cintra, (1ª edição - julho/2009), 2ª edição 09/2009, Editora EME, Capivari-SP.
176 p.
1 - Autoajuda - Valorização da vida
2 - Conceitos espíritas - Casos espíritas
CDD 133.9

Dedicatória

Ao papai Deodato e ao irmão Ismael, autênticos mestres na arte de relacionar-se, e aos amigos Almeida e Castilho, nossos professores de Espiritismo, nos aspectos doutrinário e mediúnico, dedico esta obra.

Sumário

Fale conosco!!!

Fale conosco!!!

Queremos saber sua opinião sobre o livro: ________________________________

____ (favor mencionar o nome do livro)

Prefácio

Entre os significados do verbo *viver*, um deles, muito comum, é o de simplesmente estar vivo, sobreviver, dar sequência aos dias, consumindo o tempo. É o jeito fácil do "deixa a vida me levar", exaltado na canção popular de Zeca Pagodinho, que pressupõe ausência de plano, de roteiro.

Entretanto, divergindo desse significado convencional, tem-se uma visão radicalmente oposta sobre o modo de conceber a existência humana, na qual deve estar reservado ao homem o papel de sujeito agente, dando-lhe um sentido, um rumo, de acordo com uma ética, uma moral. E aí já não é tão fácil. Talvez por isso, Guimarães Rosa tenha escrito, no romance *Grande Sertão: Veredas*, que *viver é um ofício muito dificultoso*.

Essa segunda concepção parece constituir-se numa resposta oportuna à indagação de Caetano Veloso, no primeiro verso da canção "Cajuína": *Existirmos, a que será que se destina*? Trata-se de uma pergunta filosófica essencial: para que serve a vida?

A existência se destina à evolução humana fundamentada na priorização de valores éticos cristãos. Essa é a concepção filosófica abraçada pelo autor, que faz, neste livro, uma abordagem segura e prática de problemas do dia a dia, conjugada com uma visão espiritual da vida, incluindo conceitos espíritas em linguagem propícia aos leigos nessa doutrina.

Esta obra oferece lições preciosas, exemplos concretos e ensinamentos práticos, que auxiliam o interessado em se modificar.

O autor encadeia um raciocínio que conduz à necessidade ética da mudança. Não que o mundo seja perfeito, e as pessoas, imperfeitas. É que a partir da mudança das pessoas, o mundo muda.

Nesse sentido, a mudança de comportamento é o passo essencial para viver melhor, sentir-se pleno, feliz. É a mudança individual, que começa no íntimo da própria pessoa.

A rigor, trata-se de um livro que estimula a autoajuda, mas a condiciona à mudança de conduta. É o princípio do *ajuda-te e o céu te ajudará*, escolhido como máxima do Evangelho.

Talvez a expressão mais apropriada seja autotransformação, mudança a partir de si mesmo, motivada do interior, porém orientada, estimulada por ensinamentos focalizados nas questões do cotidiano.

A proposta deste livro é a de oferecer, de maneira simples e didática, ferramentas para a alteração de postura e de comportamento, promovendo o equilíbrio e a harmonia, e contribuindo, senão para a solução, pelo menos para o equacionamento de grande parte dos problemas do dia a dia.

E essa proposta, realizada plenamente nas páginas a seguir, representa uma notável contribuição para quem está envolvido na tarefa, sempre difícil, de melhorar-se, para, de fato, *viver a vida*.

Ismael Angelo Cintra

Introdução

Viva a vida!, o título desta obra, tem duplo sentido. Primeiro, por meio do imperativo do verbo viver, significa um convite para que a vida seja vivida na sua plenitude, não em termos materiais nem de prazeres mundanos, mas de modo virtuoso. Assim, vivamos a vida com "alma grande", como a inspiração poética de Fernando Pessoa[1] já consagrou:

[1] Fernando António Nogueira Pessoa (1888-1935), poeta e escritor português.

Tudo vale a pena se a alma não é pequena.

E segundo, representa uma exaltação à vida, como reconhecimento e aclamação de sua importância e grandiosidade no universo divino. Ambos sentidos parecem ter sido sintetizados nas admiráveis palavras de Charlie Chaplin[2]:

> Viva!
> Bom mesmo é ir à luta com determinação,
> abraçar a vida com paixão,
> perder com classe
> e vencer com ousadia,
> porque o mundo pertence a quem se atreve
> e a vida é "muito" para ser insignificante.

Tanto o convite como a exaltação se justificam porque a vida não se esgota no túmulo. Em decorrência da imortalidade da alma, a morte não é o fim. Assim como o nascimento não é o início. Es-

---

[2] Charles Spencer Chaplin (1889-1977), o Carlitos, cineasta e ator inglês. Verso extraído do texto *A vida*: www.pensador.info/autor/Charles_Chaplin/biografia.

píritos imortais que somos, temos a oportunidade de viver inúmeras vidas, em diferentes etapas reencarnatórias.

O corpo físico é uma espécie de roupa para o espírito encarnado. À semelhança do fato de que o nosso corpo não se altera com a roupa que usamos, nós, em espírito, somos os mesmos ao nos servirmos de um novo corpo, numa nova reencarnação. Por isso, acatamos a afirmação enfática do psiquiatra Wilson Gonzaga[3]:

> Eu não tenho espírito! Eu sou espírito!

Mesmo quando encarnados, o "piloto" continua sendo o espírito, não o corpo, nem o cérebro, em particular. O corpo, ao ser formado no útero materno, segue as leis da genética e da hereditariedade, mas as inclinações vêm da alma. Temos, certamente, as limitações impostas pelo corpo físico de

---

[3] Wilson Gonzaga: *O Jogo da Vida.* Palestra proferida no CIESP de São José do Rio Preto, em 18/2/2008.

que nos servimos e as influências do meio em que vivemos, mas o espírito é o nosso verdadeiro "eu".

Uma ilustração didática disso é mostrada no filme *O Céu Pode Esperar*[4], uma comédia em que Joe (Warren Beatty), um astro do futebol americano, passa a "habitar" o corpo de um industrial milionário como se fosse ele. Fica evidente que Joe (espírito) tem destreza para o esporte, mas o seu novo corpo não. Ao mesmo tempo, o magnata se "transforma" em altruísta, deixando de ser mesquinho e maquiavélico, e passa a demonstrar total desconhecimento de como presidir reuniões empresariais, exibindo as reais características de Joe.

No filme, o motivo dessa mudança de corpo do protagonista e sua concretização são absolutamente inverossímeis, pura fantasia cinematográfica. Nem é cabível utilizar o termo reencarnação nesse caso, pois reencarnar exige um corpo "zero quilômetro".

---

[4] *O Céu Pode Esperar* (Heaven Can Wait), direção de Warren Beatty e Buck Henry, EUA, 1978. Não confundir com a refilmagem de 2001, com novo título (Down to Earth) e a história modificada, mas com a mesma tradução do título para o português.

No entanto, é notável observar, em detalhes, que é o espírito, com seu exclusivo modo de ser, quem comanda o corpo.

Em cada reencarnação, o que aprendemos, as virtudes que desenvolvemos, as preferências e os interesses que estabelecemos, os afetos que construímos, as dificuldades que ainda não superamos, tudo passa a constituir nosso patrimônio espiritual inalienável, que persiste após a morte e que se manifestará em nossas novas vidas ou reencarnações seguintes.

Ao reencarnarmos, não somos um livro em branco cujas páginas começarão a ser preenchidas. Não estamos começando do zero, pois já temos uma história anterior.

Quando alguém tem um determinado dom, por exemplo para a música[5], não se trata de algo que lhe veio de graça nessa reencarnação. Ao con-

---

[5] Como é o caso do dom incrível para tocar piano clássico e compor de Rasha Hamad, uma garota árabe, cega e autista, que protagonizou o documentário *Músicas do Coração* (Beautiful Music), EUA, 2005, direção de Richard Trank, narração de Brooke Shields.

trário, é fruto de aprendizado de vidas anteriores. De modo semelhante, quando encontramos alguém portador de muita paciência, por exemplo, tenhamos certeza de que esse espírito já havia conquistado tal virtude em reencarnações passadas.

Quando somos dominados pela cólera, nervosismo ou raiva, costumamos culpar o nosso gênio, atribuindo essas reações ao fato de que "nosso gênio é assim mesmo". Demonstramos irritação porque temos "tolerância zero". Quando explodimos facilmente é porque temos "pavio curto" e, por isso, "não levamos desaforo pra casa". Esses diagnósticos estão corretos e continuarão válidos, nesta e noutras vidas, até decidirmos trabalhar na aquisição das virtudes da calma, ponderação e tranquilidade. Não há milagre; tudo é conquista.

O provérbio popular que diz:

deste mundo só se leva a vida que a gente leva,

é normalmente interpretado como uma apologia aos prazeres materiais. Mas ele pode ser considerado absolutamente verdadeiro também no sentido espiritual, pois todos os nossos aprendizados intelectuais, morais, emocionais e afetivos vão se somando sempre, nas várias vidas que vivemos.

Após a morte, continuamos os mesmos. Não mudamos o nosso modo de ser porque o fato de morrer não nos modifica em nada, a não ser na perda do corpo físico. Uma demonstração didática de como o espírito mantém todas as suas características após a desencarnação, inclusive seus sentimentos, foi proporcionada pela telenovela *A Viagem*[6], principalmente através do personagem Alexandre. E em *Ghost - Do Outro Lado da Vida*[7], filme de muito sucesso, podemos ver que, depois de morto, Sam (Patrick Swayze) continua amando Molly (Demi Moore), que era sua noiva, e se preocupando com ela.

---

[6] *A Viagem*, de autoria de Ivani Ribeiro, apresentada inicialmente na extinta TV Tupi, em 1975, foi regrava da pela Rede Globo, exibida em 1994, e reapresentada duas vezes na sessão *Vale a Pena Ver de Novo*, em 1997 e 2006.

[7] *Ghost - Do Outro Lado da Vida (Ghost)*, direção de Jerry Zucher, EUA, 1990.

Os espíritos, encarnados ou não, têm um companheiro inseparável, o seu corpo espiritual, ou perispírito. Após a morte, esse corpo espiritual em geral mantém a mesma "fisionomia" do corpo físico, permitindo que os espíritos sejam reconhecidos.

Os espíritos desencarnados interagem conosco, com frequência, embora nem sempre os percebamos. Não precisamos ter medo nem receio dessa convivência com os "mortos", por dois motivos. Primeiro, porque se são espíritos bondosos, familiares queridos, essa aproximação é sempre agradável.

Em segundo lugar, porque só atraímos más companhias espirituais se quisermos ou se procurarmos isso, através da afinidade ou sintonia que ligamos nos momentos em que temos atitudes e reações emocionais desequilibradas e pensamentos negativos.

Quando desencarnados, habitamos o mundo espiritual, a nossa verdadeira pátria. Visitamos o mundo material em inúmeras "viagens", ou reencarnações, passando por diferentes experiências, com novos corpos físicos. Comumente dizemos que "a morte é uma viagem", mas na ótica espírita a desencarnação é apenas o retorno de uma das viagens, uma espécie de renascimento no mundo espiritual.

Nos intervalos reencarnatórios, verificamos os erros e acertos cometidos, o aprendizado realizado, como forma de preparação para outra "viagem", um novo projeto reencarnatório, com certos objetivos. Uma característica primordial da lei da reencarnação é que, em cada nova vida, somos premiados com o esquecimento de nomes, fatos, pessoas, lugares e ocorrências das vidas anteriores.

Sem isso, as reencarnações teriam pouco ou quase nenhum proveito. Antigos desafetos, por exemplo, reencarnados no mesmo lar para desenvolver, desde crianças, a fraternidade entre si, não lograriam êxito se houvesse a recordação das desavenças da vida passada.

Os materialistas, e até certos espiritualistas, negam a possibilidade da reencarnação, alegando que a vida é uma só. Pela tese espírita da reencarnação também a vida é única, mas muito mais abrangente, constituída por uma sequência de muitas existências e de seus intervalos.

Cada reencarnação pode ser comparada a uma nova etapa na vida escolar de um estudante. E o objetivo é aprender sempre, até conseguir o "diploma". Por isso é muito importante viver a vida, de modo a aproveitar cada nova "viagem" que realizamos. Mas muitos desperdiçam a oportunidade porque,

> vivem a vida como se nunca fossem morrer e morrem como se nunca tivessem vivido,

na expressão do mestre e guru Dalai Lama[8]. Sobre vidas bem aproveitadas ou não, o psicanalista Contardo Calligaris[9] observa que:

> Na hora de nos despedir de alguém que nos é querido, choramos nossa perda, e é normal que seja

---

[8] Dalai Lama, monge budista e líder político do Tibete.

[9] Contardo Calligaris: *Vidas bem vividas*. Folha de S.Paulo, 31/5/2007, p. E 10.

assim. Mas deveríamos festejar, quando der, a "beleza" de sua vida. E chorar, quando for o caso, as vidas que se perdem não pela morte, mas pela morte-em-vida - as vidas, em suma, dos que não conseguiram ser atores de suas próprias vidas.

Contudo, mesmo que vidas sejam "perdidas", haverá renovadas oportunidades, em novas reencarnações. É sempre possível recomeçar. Após uma vida "mal" vivida, não somos abandonados. Se nós, pais humanos, estamos sempre dispostos a conceder novas chances aos nossos filhos, imaginemos Deus, na sua imensa capacidade de amar.

Mas também temos a opção de querer aproveitar melhor a vida atual, sem deixar para depois. Assim como costumamos planejar a nossa carreira profissional e programar a aquisição de bens materiais, podemos estabelecer, a qualquer momento, uma lista dos principais aspectos da nossa vida que desejamos aperfeiçoar. E, nessa espécie de agenda mínima a ser cumprida, será sempre muito importante a qualidade dos relacionamentos que mantemos em família, no trabalho, com os amigos etc.

Daí o objetivo desta obra. Oferecer, na primeira parte, o fruto de nossas reflexões sobre como lidar com algumas situações problemáticas da vida e dos relacionamentos cotidianos, de modo a alcançarmos pleno êxito nesse grande desafio que é viver a vida.

Na segunda parte, comentamos alguns dos importantes pilares doutrinários do edifício do Espiritismo, como a lei de causa e efeito, a reencarnação, a mediunidade etc., para compreendermos melhor o que é a vida e entendermos que viver a vida é acelerar a nossa evolução espiritual.

1ª Parte

Erro e aprendizado

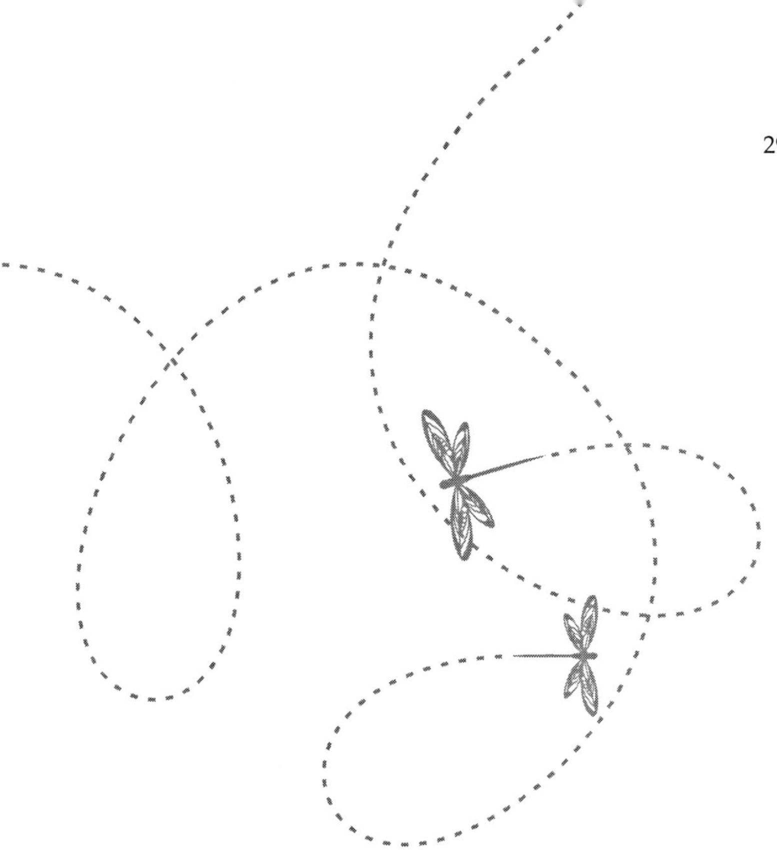

Conviver com crianças de pouca idade constitui uma das experiências mais notáveis da vida. A graciosidade, vivacidade e espontaneidade são "marcas registradas" delas. E, nas fases de aprender a andar e a falar, são portadoras de uma extraordinária lição de perseverança, de persistência.

Para aprender a andar, a criança faz inúmeras tentativas. De início, ensaia um único passo. E, para isso, busca o domínio da coordenação motora das perninhas e do equilíbrio. Aos poucos, vai testando novos limites, sempre passando pelas quedas inevitáveis. Mas sem desanimar, jamais. As quedas não representam estímulo à desistência, mas um desafio a vencer.

Muitas vezes os pais, apreensivos por causa de um tombo um pouco maior, abraçam a criança com toda proteção, quase impedindo-a de continuar. Sem vacilar, ela se desgarra e parte para uma nova tentativa.

No seu íntimo, ela tem certeza de que vai conseguir, que é apenas uma questão de tempo. Mas que não se trata de aguardar passivamente esse tempo chegar. Há de se esforçar para obter sua conquista. E, por isso, persevera. Fabulosa lição para os adultos.

Aprender a andar é uma experiência que oferece uma segunda lição, de valor transcendental. Nesse processo de tentativa e erro, fica evidente que o erro faz parte do aprendizado. É com as inúmeras tentativas, acompanhadas de muitos erros, que a criança aprende a andar. Se os pais, por excesso de zelo, proibissem uma criança de andar, enquanto ela não o soubesse, o resultado inevitável é que ela não aprenderia mesmo.

Portanto, errar faz parte do aprendizado. Sem errar, é quase impossível aprender. A rigor, os erros cometidos durante a experiência de aprendizagem não são erros, mas hipóteses de acerto. E isso não deveria ser esquecido. Quantos, diante de um erro cometido, paralisam suas vidas! Fecham-se num círculo vicioso de decepção, frustração, culpa, arrependimento, e muitas lamentações improdutivas. Reações e estado mental que atraem a companhia de espíritos "infelizes".

É preciso quebrar os elos dessa corrente para canalizar as energias no sentido de tentar reparar o que puder ser reparado e, sobretudo, examinar o que se pode aprender com aquele erro. E partir para novos aprendizados. Uma atitude que já começa alvissareira, pois recebe o incentivo intuitivo de espíritos amigos.

Outros têm enorme dificuldade para relevar

erros alheios, mesmo os provenientes de gente de seu relacionamento mais próximo, de pessoas queridas.

Não se trata de ignorar os erros, muito menos de estimular a sua reincidência. Basta lembrar que a criança não quer cair quando faz suas tentativas de aprender a andar. O que ela busca, ao contrário, é eliminar os erros para atingir o seu objetivo, que é aprender a andar. Mas os erros não a intimidam. Ela não se prostra perante o erro. Em vez disso, ela segue adiante, tentando corrigir sempre.

Esse processo cíclico de tentativa, erro, correção, nova tentativa etc., pode ser bem observado também na iniciação em determinado esporte, mesmo com finalidade de recreação. Para aprender a nadar, por exemplo, não basta assistir a um vídeo com todas as explicações dos fundamentos da natação, dos estilos etc. É indispensável "cair na água" para executar a prática, dando oportunidade a que os erros sejam vistos e corrigidos pelo instrutor.

Até nos esportes altamente competitivos os erros surgem, nas horas mais inapropriadas, como foi o caso da ginasta Daiane dos Santos, na Olimpíada de Atenas, em 2004. Esperança de medalha de ouro para o Brasil, ela pisou fora da área de solo, o que a deixou "apenas" em quinto lugar. Mas, em vez de procurar infindáveis explicações e justificativas para o seu erro, quando perguntada sobre o que aconteceu, Daiane deu uma resposta admirável aos jornalistas, com uma frase de duas palavras:

Eu errei!

Igualmente notável foi a resposta de Natália Guimarães, Miss Brasil e segundo lugar no Miss Universo em 2007. Após desfilar no Fashion Rio[10], em 8 de junho de 2007, o comentário nos bastidores e na internet era de que ela tinha celulite. Questionada sobre o tema, Natália disse com muita elegância:

---

[10] Fashion Rio, a semana de moda do Rio de Janeiro, um dos eventos de moda mais importantes do Brasil.

Você me perdoaria? Tenho certeza de que a maioria das pessoas do Brasil me perdoa.

Assim, quando nos exigirem explicações ou nos fizerem críticas, lembremo-nos das respostas exemplares de Daiane e de Natália.

No jogo de tênis há uma preciosidade "filosófica" sobre como lidar com erros e frustrações: após um ponto perdido, o tenista deve dedicar "atenção total no próximo ponto". No curto intervalo de tempo que separa a finalização de um ponto e o início do próximo, se ficarmos remoendo o ponto perdido[11], amargurados e até desanimados, nossas chances de ganhar o ponto seguinte diminuirão muito.

Ao contrário, se concentrarmos toda a atenção no próximo ponto crescerão as chances de ganhá-lo. Depois de encerrado o jogo, ao treinar para a

[11] Essa postura psicológica ideal do jogador de tênis não se aplica somente aos pontos perdidos, em decorrência de erro cometido ou mérito do adversário, mas também aos pontos ganhos, para o tenista não se acomodar.

próxima partida, aí sim, teremos o momento adequado para analisar o porquê dos erros e, consequentemente, trabalhar para corrigi-los ou, pelo menos, diminuí-los.

Atenção total no próximo ponto tem dupla abrangência. Além de indicar para não olharmos para trás, o que já fora recomendado pelo Cristo[12]:

> todo aquele que tendo a mão na charrua, olhar para trás, não está apto para o reino de Deus,

também alerta que, para chegarmos a uma conquista, devemos ganhar um ponto de cada vez.

Assim, em vez de dar valor excessivo aos erros cometidos, lutemos para acertar mais, concentrando nossa atenção nos próximos "pontos". Errando menos, vamos conseguir "jogar bem" o jogo da vida. Essa deve ser a meta, sem a pretensão de sermos campeões.

---

[12] Lucas, 9:62.

Voltando à natação, vimos a distância que há de ser percorrida, entre a teoria e a prática, para que o aprendizado surja. Isso também ocorre nas nossas vidas, nos nossos relacionamentos. Muitas vezes, refletimos sobre nosso comportamento, atitudes e modo de ser, e desejamos ser melhores do que somos.

Mas aos errarmos de novo, ou ao não conseguirmos de imediato a mudança pretendida, nos deprimimos e até desistimos de nova tentativa. Esquecemos da lição da perseverança dada pelas crianças. Nós, adultos, geralmente somos pouco persistentes. E também não lembramos que o erro faz parte do processo de aprendizado.

Quando fazemos a reflexão, estamos trabalhando a teoria. Ao partirmos para a prática, delineamos uma trajetória que inclui erros ou desacertos, sem os quais, não atingimos o destino, isto é, o aprendizado.

Portanto, voltemos a ser crianças, com mais perseverança, com menos medo de errar, e muito conscientes de que o erro é valioso instrumento de aprendizado. Afinal, segundo o consultor Max Gehringer[13],

> errar é o direito mais fundamental do ser humano.

[13] Max Gehringer: *A Comédia corporativa*. Palestra proferida em Santos--SP, em 7/12/2007, no encerramento do Congresso Brasileiro de Treinamento e Desenvolvimento, promovido pela ABTD - Associação Brasileira de Treinamento e Desenvolvimento.

Culpa e perdão

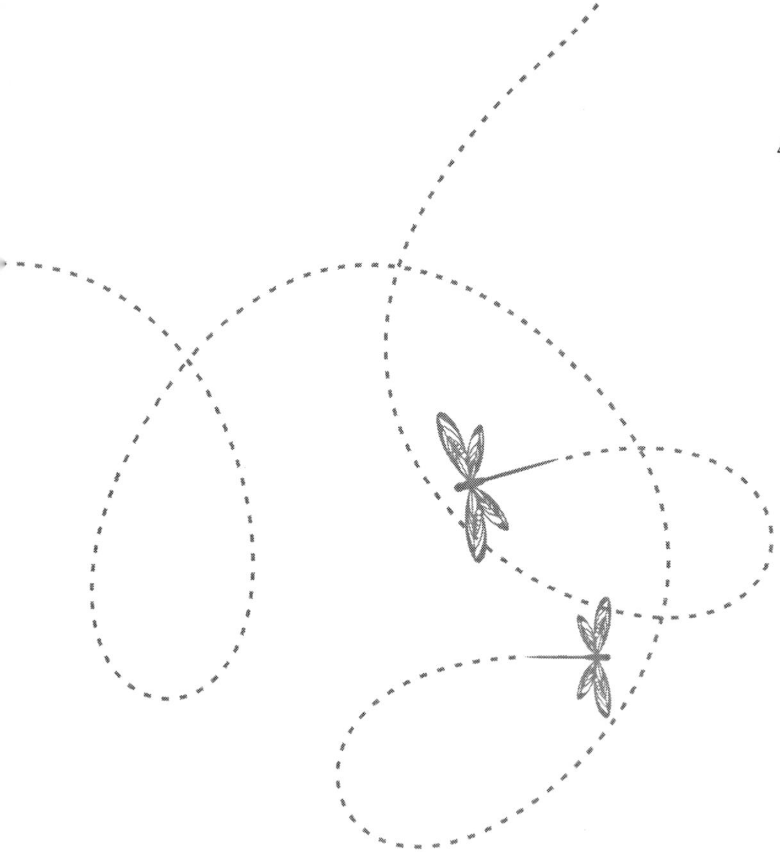

Há diferentes motivos para nos sentirmos culpados por algo ou arrependidos de alguma coisa: um erro cometido, uma norma transgredida, uma decisão equivocada e até uma negligência ou omissão.

O sentimento de culpa e o arrependimento fazem parte de nossas vidas. É natural e racional que analisemos o que se passou e, nessa reflexão, constatemos que não agimos da melhor maneira. E a consequência lógica é um sentimento de culpa ou arrependimento.

Mas essa sensação de culpa, ou de arrependimento, não pode ser exagerada. O fato de nos sentirmos culpados por algo, mesmo que grave, não pode nos intimidar, nos colocar em processo angustioso e traumático a ponto de nos paralisar. Não entremos no círculo vicioso em que acalentamos a culpa e o arrependimento, revivendo o problema, o que realimenta a culpa e o arrependimento e assim por diante. É o complexo de culpa, do qual ficamos sem saída e, ainda, atraímos companhias espirituais negativas.

A culpa e o arrependimento na medida justa são importantes para que aprendamos com os erros. Mas,

> o problema, como Freud constatou, é que a gente se culpa mais do que é necessário,

na citação de Contardo Calligaris[14].

---

[14] Contardo Calligaris: *Somos culpados, mas de quê?* Folha de S.Paulo, 19/4/2007, p. E 12.

É interessante observar que, no Direito Penal, o adjetivo culposo se refere a um ato criminoso não intencional, em contraposição a doloso, no qual há a intenção ou o dolo. No meio jurídico, ter culpa por um ato ilícito é menos grave do que ter tido a intenção de praticá-lo.

No dia a dia, pedir desculpas é uma demonstração de gentileza. Lembrando que a palavra desculpar tem o significado literal de retirar a culpa, sejamos pródigos em desculpar.

Outro aspecto relevante do Direito Penal é a consideração de que criminosas são as condutas, não as pessoas. Por isso, o Código Penal Brasileiro, em sua Parte Especial, tipifica as ações criminosas, não os agentes. No *caput* do artigo 121, por exemplo, temos o homicídio simples: "matar alguém".

> Criminosos são os atos, nunca os sujeitos,

declara Contardo Calligaris[15], e acrescenta:

---

[15] Contardo Calligaris: *Confusões morais perigosas*. Folha de S.Paulo, 21/9/2006, p. E 10.

Na hora de julgar, no tribunal ou no foro íntimo, o que importa é saber se o ato de Fulano é um crime; a pessoa Fulano é sem interesse.

Muitas vezes cometemos o equívoco de não nos ater aos fatos e, por isso, tratamos as pessoas com muita agressividade, proferindo julgamentos precipitados. É o que ocorre, por exemplo, quando temos a desagradável missão de cobrar uma dívida de alguém. Em vez de nos restringir ao fato, "você ainda não pagou", disparamos um conceito condenatório:

— Você é desonesto!

E aí a discussão descamba de vez. Novamente, ficamos a mercê das influenciações de espíritos que se comprazem com desavenças.

Fazer a distinção entre a conduta e a pessoa constitui um dos postulados básicos do CVV, o Centro de Valorização da Vida. Os plantonistas são orientados a proceder desse modo, durante os atendimentos. Por exemplo, podem e devem ser contra o consumo da droga, mas jamais contra o drogado.

Tal postura dá margem a melhorar os nossos relacionamentos na família, no trabalho etc., pois nos permite querer bem pessoas que têm condutas das quais não gostamos. Ela também explica o amor incondicional de mães e pais, que, mesmo diante de condutas reprováveis dos filhos, não deixam de adorá-los. Até quando têm que impor limites aos filhos, o amor dos pais continua o mesmo, enorme. É a perfeita aplicação prática do postulado bíblico

> o amor cobre a multidão de pecados[16].

Como pais, já sabemos exercitar o amor que cobre a multidão de pecados de nossos filhos. Busquemos levar esse mesmo amor grandioso para os outros relacionamentos que a vida nos oferece. Em

---

[16] I Pedro, 4:8

consequência, estaremos abrindo sintonia com espíritos benfeitores.

Esse tipo de amor é que possibilita praticar o verdadeiro perdão. Quando perdoamos apenas da boca para fora, precisaremos perdoar de novo. É assim que compreendemos o ensinamento cristão sobre a quantidade de vezes que devemos perdoar:

> setenta vezes sete vezes[17].

Logo, enquanto não chegarmos ao perdão verdadeiro, não poderemos parar de perdoar.

O perdão traz alívio, liberta. Sem ele, alimentamos o rancor, o ódio, o que nos traz prejuízos emocionais e até físicos, agravado pelas más companhias espirituais que se identificam com esse comportamento. Isso justifica a urgência de aprender a exercitar o perdão de verdade.

Ademais, não vale a pena manter desafetos.

---

[17] Mateus, 18:21-22

Se impossível foi evitar o início de uma inimizade, busquemos a reconciliação ou, pelo menos, estejamos prontos para isso quando a ocasião se apresentar. Não desperdicemos oportunidades valiosas de eliminar desavenças.

Portanto, é importante que não nos culpemos em demasia, até para que seja possível dar atenção total ao próximo ponto, conforme o achado filosófico do tênis. Aprendamos também a praticar o verdadeiro perdão, porque além de condutas de que não gostamos ou não aceitamos, há seres humanos desejosos da nossa benevolência.

Não ser vítima

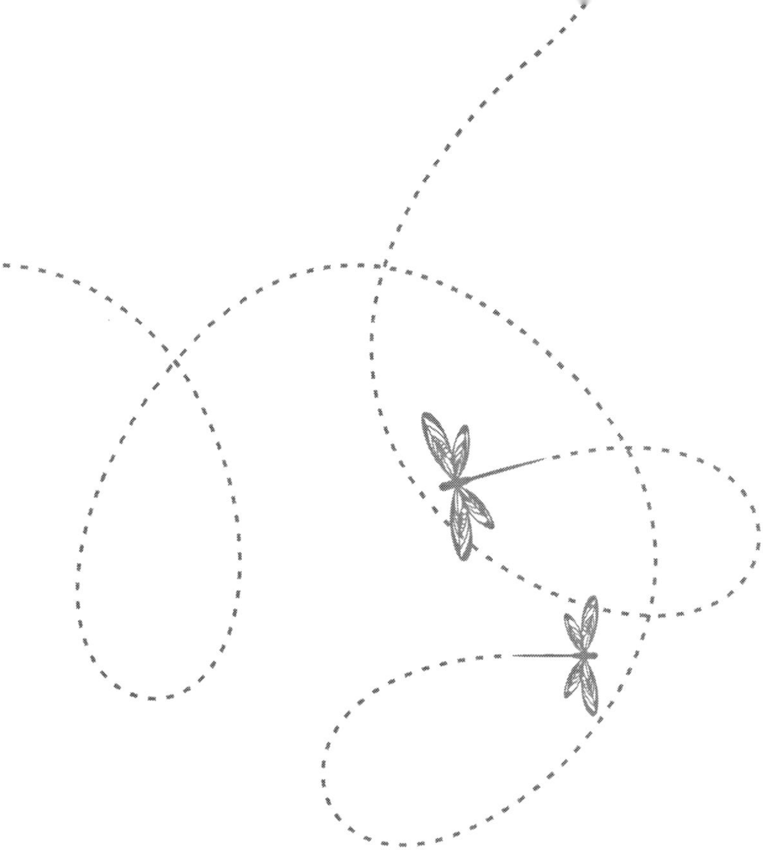

Em nossas vidas, às vezes somos atingidos por um grave problema, uma doença difícil ou uma fatalidade dolorosa. Essas ocorrências independem da nossa vontade, mas o modo de lidar com elas passa a ser escolha nossa.

Desatentos, podemos fazer uma má escolha, a de nos sentirmos vítima. Em consequência, nos apresentamos sempre queixosos, reclamamos bastante e nos comportamos de maneira a merecer pena. Parece que nos comprazemos em parecer pessoas dignas de dó. E, pior ainda, arrumamos dificuldades para os que conosco convivem, quando não nos tornamos quase insuportáveis.

Por mais grave que seja a situação, escolher o papel de vítima não ajuda em nada. Se uma mudança inevitável nos atingiu, tentemos vivenciar da melhor maneira possível as novas condições.

Imaginemos, por exemplo, duas mulheres em situações idênticas: casadas, filhos criados, situação financeira estável, quando, de repente, um câncer é diagnosticado.

A primeira, a vítima, ao encontrar os amigos e familiares só reclama e chora. Busca a piedade de todos, mesmo inconscientemente. Muitas pessoas de seu relacionamento passam até a evitar a sua presença, que lhes é desagradável.

A segunda, ao contrário, faz da doença motivo para boas conversas, até humoradas. Conta, por exemplo, sorrindo, que irá às compras para adquirir alguns modelos legais de perucas, uma vez que seu cabelo vai cair com o tratamento.

Essa situação hipotética mostra como podemos reagir de maneiras diversas, quase opostas, diante de um grande problema. E o modo como reagimos só depende da nossa escolha.

Além disso, evitemos ao máximo a atitude pessimista de, perante uma incerteza, sempre esperar pelo pior. Muitas vezes, sofremos desnecessariamente por algo que poderá não acontecer. Porém, na nossa imaginação vai ocorrer, com certeza, e, por isso, passamos a "viver", em detalhes, as eventuais consequências ruins. Isso também constitui uma maneira de sermos vítimas, mas vítimas de problemas improváveis ou até hipotéticos.

Portanto, nas dificuldades da vida, não optemos pelo papel de vítima. Tentemos, mesmo nas condições mais desfavoráveis, angariar o bem querer daqueles que são testemunhas desses nossos momentos indesejados.

Antídoto aos relacionamentos difíceis

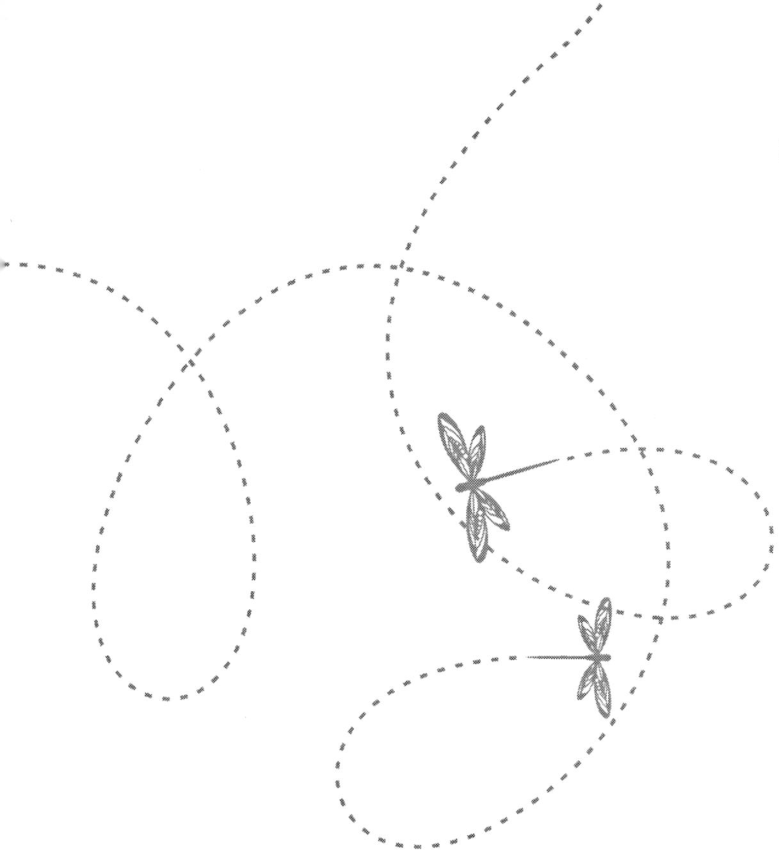

Às vezes a vida nos coloca em contato com pessoas de difícil convivência. Na família, no trabalho, entre os amigos, pode ser inevitável relacionarmo-nos com pessoas rudes, complicadas e até agressivas no modo de se expressar.

Não vale a pena entrar em atrito com ninguém, sobretudo com pessoas difíceis. Reagir é tentar lutar com as armas delas. É uma guerra que vamos perder sempre, porque elas se especializaram nesse tipo de "luta". E, depois, aquela sensação de derrota vai nos amargurar, sufocar e até nos fazer chorar.

A solução é outra, é empregar as armas que elas não têm: a meiguice, a mansidão, a docilidade. Ser dócil com quem é amável não tem muito mérito. O importante é manter a docilidade não importa quem seja o interlocutor. É atitude indicada para abrandar pessoas difíceis.

Mesmo que elas sejam difíceis, se nós formos "fáceis", tudo se resolverá. Mas se tentarmos ser difíceis também, tudo se complicará. Não entremos em sintonia com as vibrações que as atitudes delas emitem. Permaneçamos meigos. Procurarmos ser criaturas afáveis, mesmo em circunstâncias embaraçosas, faz muito bem aos que nos rodeiam e a nós mesmos, além de nos colocar em sintonia com espíritos bondosos.

Façamos todo o possível para não perder o controle emocional. Tentemos não nos exaltar. Se levantamos a voz em demasia, chegando aos gritos e berros, em discussão com nossos próprios filhos, por exemplo, demonstramos não ter autoridade. E estamos ensinando-lhes que eles podem gritar também. Muitos pais se surpreendem com os gritos dos filhos, sem se dar conta de que os filhos aprenderam com eles esse tipo de comportamento.

Aliás, se fizéssemos a experiência de filmar nossos destemperos e desequilíbrios em discussões fúteis, teríamos a possibilidade, ao revermos as cenas, de constatar quão reprováveis são esses comportamentos. Talvez nem acreditássemos que fôssemos nós mesmos, tal a insensatez exibida pelas imagens. Além disso, em momentos de fúria abrimos as portas espirituais para "visitantes" que nos incentivam a prática da agressividade.

Outra "arma" importante que podemos usar é a generosidade, pois as pessoas difíceis costumam se render perante demonstrações de generosidade. Tenhamos, portanto, atitudes generosas para "vencer" as contendas dos relacionamentos difíceis.

E também sejamos generosos para manter os

bons relacionamentos que temos. Na opinião de Contardo Calligaris[18],

> talvez a maioria dos relacionamentos amorosos adoeçam e morram... porque, ao vivermos juntos, aos poucos, perdemos a generosidade. E a generosidade é (ou melhor, deveria ser) o próprio amor; ela está quase sempre presente, aliás, quando a gente se apaixona.

Quando nos pedem algo, às vezes hesitamos em atender mesmo se não houver alternativa. Resmungamos, criamos dificuldades e dizemos não, para, depois, cedermos. E, assim, perdemos oportunidade de ser generosos, contrariando o adágio popular segundo o qual:

> devemos dar de bom coração aquilo que não podemos negar.

Ao considerarmos a vida em toda a sua gran-

[18] Contardo Calligaris: "*Mentiras Sinceras*". Folha de S.Paulo, 16/3/2006, p. E 10.

diosidade, talvez possamos concluir que o que temos ou que possuímos não tem muita importância em si. A profissão, o carro, a casa, a situação financeira, a posição social, a idade, a condição de saúde, as deficiências, os talentos etc., tudo isso constitui as condições postas para nos desenvolver como seres humanos.

O que importa é o modo como lidamos com tudo isso para sermos pessoas brandas, gentis, atenciosas, prestativas, tolerantes e generosas, para com todos aqueles com quem nos relacionamos frequente ou esporadicamente, ao vivo ou por meios à distância.

Na essência da construção de bons relacionamentos está o espírito de cooperação, que foi magistralmente conceituado pelo escritor e educador Rubem Alves[19] numa crônica em que compara o tênis com o frescobol, da qual reproduzimos parte de dois parágrafos:

---

[19] Rubem Alves: *Tênis x frescobol.* In http://www.rubemalves.com.br/tenisfrescobol.htm e in *O Retorno e Terno*, Papirus Editora, p. 51-53, 1992, 169 p.

> O tênis é um jogo feroz. O seu objetivo é derrotar o adversário. E a sua derrota se revela no seu erro: o outro foi incapaz de devolver a bola. Joga-se tênis para fazer o outro errar. ...O prazer do tênis se encontra, portanto, justamente no momento em que o jogo não pode mais continuar porque o adversário foi colocado fora de jogo. Termina sempre com a alegria de um e a tristeza de outro.
>
> O frescobol se parece muito com o tênis: dois jogadores, duas raquetes e uma bola. Só que, para o jogo ser bom, é preciso que nenhum dos dois perca. Se a bola veio meio torta, a gente sabe que não foi de propósito e faz o maior esforço do mundo para devolvê-la gostosa, no lugar certo, para que o outro possa pegá-la. Não existe adversário porque não há ninguém a ser derrotado. Aqui ou os dois ganham ou ninguém ganha. E ninguém fica feliz quando o outro erra - pois o que se deseja é que ninguém erre. ...E o que errou pede desculpas; e o que provocou o erro se sente culpado. Mas não tem importância: começa-se de novo este delicioso jogo em que ninguém marca pontos...

Um aspecto interessante do tênis, como esporte individual, é que com a sua prática podemos aprender a perder. Mesmo jogando bem, quase sem cometer erros, às vezes é impossível ganhar porque o adversário é melhor. De modo semelhante, no jogo da vida podem ocorrer "derrotas" difíceis de serem evitadas.

Renunciar a ter razão

Muitos de nós temos a propensão quase "hereditária" de ser teimoso, de tentar impor nossas opiniões e até nossas vontades. Fomentamos polêmicas e adoramos mantê-las. Isso tudo porque queremos ter razão, sempre. Para Contardo Calligaris[20],

[20] Contardo Calligaris: *Raciocínios "motivados"*. Folha de S.Paulo, 22/2/2007, p. E 8.

o prazer de ter razão prevalece sobre argumentos e informações, produzindo cegueiras.

Discutimos qualquer assunto com veemência, sempre tentando "ganhar" a discussão, em família, no trabalho e em outros ambientes. Entretanto, mesmo nas "vitórias", geralmente fica uma sensação de desgaste, de coisa mal resolvida.

A solução é não querer ter razão. Se os outros teimam em discutir, ouçamos apenas, mesmo que tenhamos argumento contrário. Só no caso de alguém pedir nossa opinião, ela deve ser expressa, em tom de voz agradável, e de forma concisa. Não prolonguemos a nossa fala, a menos que sejamos solicitados. Que os outros sejam os "vencedores". O nosso objetivo de vida deve ser diferente, o de sermos campeões de bom relacionamento com o maior número possível de pessoas.

A respeito disso, encontramos o interessante relato do compositor e produtor musical Nelson Motta[21]:

---

[21] Nelson Motta: *Ter razão ou ser feliz?* Folha de S.Paulo, 14/12/2207, p. A2.

Há muito tempo me esforço para desistir da ideia de convencer alguém de qualquer coisa. Com minha intuição, experiência e convicções, ofereço minhas opiniões com sinceridade, apresento meus argumentos, me empenho em ser claro e objetivo. Se forem aceitas, ótimo, se não, ótimo também. ...Não me sinto inferior por não ter razão.

A nossa opinião, que poderia parecer tão importante a ponto de todos precisarem conhecê-la, na verdade deve ser importante só para nós mesmos, e pelo fato de termos opinião, não pela opinião em si.

A partir do momento em que desistimos de fazer prevalecer a nossa opinião, ou mesmo de externá-la, passamos a aprender a ouvir. E quem sabe ouvir é valorizado, entre os amigos, na família etc. Quando temos um problema e queremos "dividi-lo" com alguém, inevitavelmente procuramos alguém que sabe ouvir. Aliás, essa é a base dos atendimentos do CVV, o Centro de Valorização da Vida. O principal recurso do plantonista é a sua disponibilidade para ouvir.

O bom conversador não é apenas aquele que sabe falar; é sobretudo, alguém que sabe ouvir.

Essa é a primeira das cinco qualidades essenciais do "bom conversador", segundo o escritor Stephen Miller[22]. As outras quatro, de forma sucinta, são:

a) entender que a conversa não tem um fim determinado, exceto o seu próprio fim - a conversa vale pelo prazer que retiramos dela, não pela ambição de chegarmos a um ponto qualquer; b) nunca ficar na defensiva quando os seus argumentos são questionados; c) ter sentido de humor; e d) ser polido.

As nossas conversações podem ser melhoradas com alguns cuidados adicionais. Não sejamos críticos em excesso, pois em tudo há sempre algo a ser elogiado. Evitemos a postura de "falar tudo o que pensamos" e, sobretudo, o radicalismo em "falar a

[22] Stephen Miller: *Conversation A History of a Declining Art*. Yale, 2006, 336 p, *apud* João Pereira Coutinho: *Vamos conversar?* Folha de S.Paulo, 15/1/2008, p. E 6.

verdade sempre, doa a quem doer". É conhecida a comparação da verdade como um diamante, tamanha a sua preciosidade; mas atirado em alguém, com força, pode ferir.

Outras vezes, pecamos pela veemência, que pode ser recebida como irritação, nervosismo. O tom de voz inadequado e a forma de falar muitas vezes são decisivos para que um diálogo seja mal-sucedido. Ao contrário, como é agradável conversar com pessoas sorridentes e bem-humoradas.

Esforcemo-nos, pois, em não querer ter razão e, assim, conviver bem com todas as pessoas do nosso círculo de relacionamentos. Não importa se são pessoas hierarquicamente superiores ou inferiores a nós, se mais novas ou mais velhas, dependentes de nós ou não etc. Pessoas que usam a força do cargo, do saber, do dinheiro etc., para impor sua razão, são pessoas inseguras, necessitadas de ajuda.

É curioso observar que, na matemática, a palavra razão (do latim, *ratio*) tem o significado de divisão. A razão entre 10 e 2, por exemplo, é 5. Então, quando todos queremos ter razão, obtemos a divisão entre as pessoas. Se abrirmos mão de querer ter razão, conseguiremos "somar" as pessoas.

Para concluir este capítulo, reproduzimos o interessante depoimento do poeta Ferreira Gullar[23]:

> Numa de minhas intervenções na Flip[24], em Parati, em agosto passado, afirmei que uma das piores coisas do mundo é querer ter razão. Referia-me, implicitamente, à guerra entre judeus e palestinos, mas exemplifiquei com as brigas de casais. O cara insiste em ter razão, discute com a mulher, ela contra-argumenta, os dois se exaltam e daqui a pouco estão amuados, cada um no seu canto. Cheios de razão, mas infelizes. "Não quero ter razão, disse eu, quero ser feliz".

---

[23] Ferreira Gullar: *Frases de vidro*. Folha de S.Paulo, 8/10/2006.

[24] Festa Literária Internacional de Paraty, realizada anualmente desde 2003.

Deixar de racionalizar

Nós, seres humanos, temos o hábito de desenvolver análises racionais para evitar que tenhamos reações movidas por instintos e impulsos, ou puramente emocionais. Mas, às vezes, racionalizar não é eficaz, não é a melhor conduta. Para ilustrar essa assertiva, vamos citar uma pequena história real.

Uma senhora idosa, viúva, com os filhos todos casados, reside sozinha por sua opção. Diariamente dirige-se à casa de uma das filhas, quase vizinha da sua, onde costuma almoçar. Dessa filha tem o apoio direto para várias de suas necessidades. Certo dia, essa senhora comenta com alguém sobre a tristeza que é viver só. E a filha, indignada, discorda veementemente, pois está sempre disponível para a mãe, elas se veem com muita frequência etc. E a senhora silencia, porque não está sendo compreendida.

A filha cometeu o equívoco de racionalizar o problema, enquanto sua mãe queria afago, atenção e, sobretudo, pretendia desabafar, falando de sentimentos de tristeza e de solidão, aspectos emocionais da vida, nada racionais.

Até no comércio, quando um cliente reclama, por exemplo, da demora no conserto de um determinado aparelho, muitas vezes a explicação racional dos motivos que levaram ao atraso da entrega não satisfaz ao cliente. No íntimo ele também busca o reconhecimento de que o aparelho está fazendo muita falta e a promessa de que tudo vai ser feito para abreviar a sua reparação.

Portanto, cuidado para não racionalizarmos em demasia. Há situações em que o melhor é não racionalizar, e sim direcionar a conversa para aspectos emocionais. É o caso, por exemplo, do personagem acometido de doença grave, retratado por Rubem Alves[25], que conclama perante o médico:

> E agora, doutor, me responda: "Será que eu saio dessa?". Ficarei feliz se o senhor não me der aquela resposta boba, mas se assentar ao lado da minha cama e me disser: "Você está com medo de morrer. Eu também tenho medo de morrer...". Então conversaremos sobre o medo que mora em nós dois que vamos morrer...

---

[25] Rubem Alves: *Doutor, será que saio dessa?* Folha de S.Paulo, 27/6/2006.

Não impor conclusões

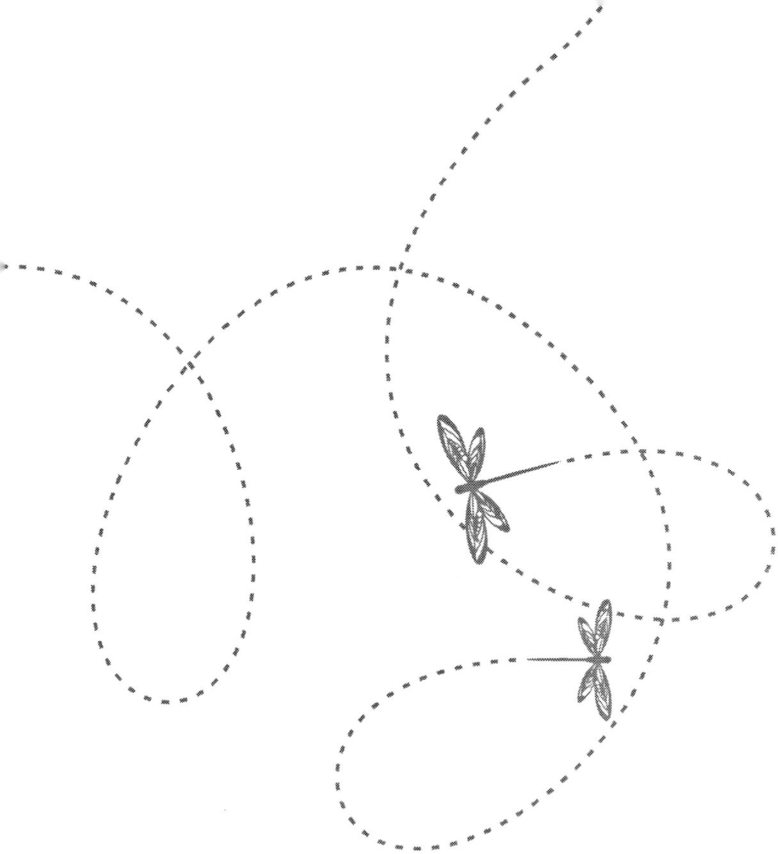

Muitas vezes sozinhos, analisamos cuidadosamente um determinado problema, chegamos a uma conclusão, tomamos uma decisão e comunicamos aos envolvidos. E, quase sempre, tomadas de surpresa, as pessoas não aceitam o nosso veredicto. Cria-se um conflito, um impasse.

O equívoco que cometemos é o de apresentar

conclusões prontas, em vez de induzir as pessoas a chegarem à mesma conclusão que obtivemos. Vamos demonstrar por meio de um caso, contado em duas versões.

Um amigo vai passar por um exame escolar, numa matéria em que tem muita dificuldade, mas da qual nós temos um bom conhecimento. Então, prometemos que na véspera da prova vamos ensinar-lhe tudo, que ele fique tranquilo. Mas eis que, a dois dias da prova, telefonamos-lhe para avisar que não vamos mais poder honrar o compromisso. Ele reclama muito, sentindo-se abandonado e sem saída. Dizemos que precisamos viajar. Ele se revolta, argumentando que a viagem pode ser feita em outra data. Esclarecemos que vamos a um velório em cidade distante. Ele não se conforma. Informamos que se trata do velório do nosso maior amigo de infância, vitimado por um terrível acidente de carro. Ele não aceita, dizendo que preferimos um amigo morto a um vivo, e desliga o telefone, contrariado.

Na segunda versão, ligamos para contar que o nosso maior amigo de infância teve um terrível acidente de carro. Ele fica curioso sobre a gravidade do caso. Informamos que a vítima foi levada para a UTI. Ele pede mais detalhes. Dizemos que infelizmente não resistiu e veio a falecer. E que o velório está em andamento. Solidário, ele nos pergunta se não vamos ao velório. Respondemos que é por isso que lhe telefonamos.

O que temos em comum, nas duas versões, é que já estava tomada a decisão de desistir do compromisso assumido e viajar para comparecer ao velório. Na primeira versão, porém, a decisão é comunicada abruptamente, surpreendendo e causando incompreensão, indignação até. Já na segunda, os elementos são fornecidos cuidadosamente para que o outro chegue à conclusão pretendida. Parece que a decisão foi dele, o que não provoca nenhum transtorno.

De modo análogo, imaginemos uma família que pretende viajar de férias em futuro próximo. O pai, cioso de suas responsabilidades, antecipa-se e analisa sozinho e meticulosamente todas as variáveis: datas, locais, custos etc. Toma uma decisão e comunica à família. Quase ninguém aceita a imposição, principalmente os adolescentes. Mas se, ao contrário, o pai fornece todos os dados à família, para que verifiquem em conjunto as vantagens e desvantagens das diversas opções, é provável que cheguem àquela mesma conclusão, se ela for, de fato, a melhor para todos.

Dessa história, tiramos uma lição complementar. O comportamento paterno, nas duas situações, variou de autoritário a democrático. Portanto, muitas vezes, no âmbito dos nossos relacionamentos, somos tachados de autoritários por causa da falta de habilidade em induzir os outros a chegarem às conclusões que queremos.

Concluindo, nada nos impede de meditarmos, sozinhos, para encontrar soluções e decisões. Mas não tiremos o prazer das pessoas envolvidas de chegarem às mesmas conclusões. Para isso, exercitemos a nossa capacidade de induzir conclusões.

2ª Parte

Três mundos

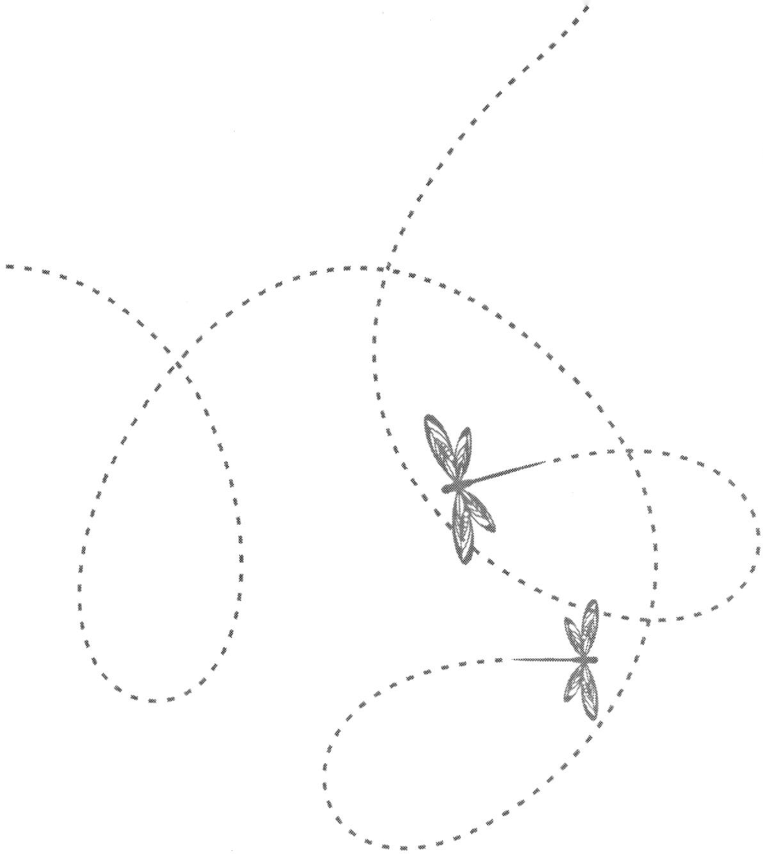

Para iniciar esta segunda parte, vamos utilizar quatro parágrafos de um texto de autoria do médico e ex-jogador de futebol Tostão[26]:

> Lacan[27] disse que a vida se passa nos níveis simbólico, real e imaginário. O mundo real (da natureza, dos instintos, dos desejos inconscientes) é impossí-

[26] Tostão: *Tudo são símbolos*. Folha de S.Paulo, 18/1/2006.

[27] Jacques Lacan (1901-1981), psicanalista francês.

> vel, completou o psicanalista.
> Vivemos a maior parte do tempo no mundo simbólico, das regras, das convenções sociais e da cultura. Apesar de necessário, pagamos um preço pela passagem do mundo real para o simbólico e pela repressão dos instintos, como escreveu Freud...
> Para conviver melhor com essa dualidade, nós nos refugiamos no mundo imaginário, onde podemos fantasiar e criar, como fazem profissionalmente os artistas.

De forma simplificada, podemos especular que as crianças pequenas vivem muito mais no imaginário, enquanto os adultos geralmente permanecem mais no simbólico. Ao crescermos nos afastamos do imaginário para entrar no simbólico. E dependendo da educação que recebemos, se muito repressora, praticamente substituímos o imaginário pelo simbólico.

Fazendo uma adaptação dessa tese de Lacan, podemos considerar que habitamos três mundos: o material, o social, e o espiritual.

No mundo material prevalece o nosso aspecto animal, caracterizado pelo corpo físico, instintos, luta pela sobrevivência, sentimentos de ódio e raiva, atitudes de violência. É o mundo não-civilizado.

No mundo social encontramos a educação, convenções sociais, repressão dos instintos, e os valores morais.

Já no mundo espiritual, temos a vida em espírito, a vida plena e eterna.

Assim, a reencarnação constitui um mergulho do espírito nos mundos material e social, mas mantendo a convivência com o mundo espiritual, através das influenciações que dele recebemos. Ao contrário, a desencarnação representa o retorno do espírito ao mundo espiritual, sem eliminar, no entanto, vínculos com afetos e desafetos que aqui ficaram.

A existência da reencarnação tem sido verificada, mesmo em trabalhos não espíritas. Psicólogos e psicanalistas, do Brasil e do exterior, utilizam em seus consultórios a chamada terapia das vidas passadas, por meio da qual o paciente, sob hipnose, visita o passado distante. Ao "reviver" determinada situação difícil, podemos superar um problema da vida atual, como uma fobia exagerada, por exemplo.

Nessas condições, o paciente pode fazer relatos minuciosos de outras épocas, que às vezes podem ser pesquisados e constatados como verídicos, se houver interesse nesse tipo de comprovação.

Outra fonte de pesquisa sobre a reencarnação são os casos de crianças que têm lembranças espontâneas de uma vida passada, citando nomes, locais, fatos em detalhes etc. É como se elas, as crianças, tivessem "se esquecido de esquecer" ao reencarnar.

Geralmente essas lembranças acabam desaparecendo com o tempo, mas o filme *Minha vida na outra vida*[28] apresenta um caso real impressionante, em que as recordações persistiram na fase adulta. Jenny (Jane Seymour), uma americana, casada, tem visões e lembranças da sua encarnação anterior, como Mary, uma irlandesa que faleceu na década de 30, e decide tentar reencontrar os filhos da vida passada.

---

[28] *Minha Vida na Outra Vida (Yesterday's Children)*, direção de Marcus Cole, EUA, 2000. Baseado no livro autobiográfico de Jenny Cockell: *Yesterday's Children*, EUA, 1993.

Trabalhos sérios de pesquisa de reencarnação já resultaram na publicação de inúmeros livros, no Brasil e no exterior, um dos quais, por exemplo, de autoria do brasileiro Hernani Guimarães Andrade[29], relata oito casos de fortes evidências de reencarnação.

A reencarnação também está presente em inúmeras passagens bíblicas. Como exemplo, vamos citar duas: aquela em que o Cristo informa que João Batista foi a reencarnação de Elias[30] e a outra em que explica a Nicodemos que aquele que não renascer de novo, não poderá ver o reino de Deus[31]. Muitas outras referências bíblicas sobre a reencarnação são comentadas pelo professor e autor Sérgio Fernandes Aleixo[32], que também faz valiosos esclarecimentos sobre as traduções da Bíblia.

---

[29] Hernani Guimarães Andrade (1914-2003), engenheiro, fundador do Instituto Brasileiro de Pesquisas Psicobiofísicas, autor de vários livros, entre os quais: *Reencarnação no Brasil*, O Clarim, Matão - SP, 1998, 385 p.

[30] Mateus, 17:12-13.

[31] João, 3:3-7.

[32] Sérgio Fernandes Aleixo: *Reencarnação - Lei da Bíblia, Lei do Evangelho, Lei de Deus.* Publicações Lachâtre, Niterói - RJ, 1999, 172 p.

A pluralidade das vidas é retratada de uma forma belíssima no filme *Fernão Capelo Gaivota*[33], na cena em que Fernão, após sua morte, é recebido pela instrutora Maureen, que o esclarece:

> Você tem ideia de quantas vidas precisamos viver, antes de notarmos que há mais coisas na vida do que correr ou lutar, ou fortalecer o bando? Muitas vidas. E depois outras vidas para aprender que existe algo como a perfeição. E outras ainda, para finalmente entender que nossa finalidade na vida é encontrar essa perfeição e passá-la adiante.

Somos todos, portanto, espíritos imortais, em processo evolutivo através de sucessivas reencarnações. Enquanto encarnados, as influências que recebemos dos desencarnados, boas ou ruins, dependem da espécie de sintonia que escolhemos estabelecer. Como no aparelho de TV, temos o controle remoto para optar pelo tipo de programação a que queremos assistir. Assim, o provérbio popular

---

[33] Fernão Capelo Gaivota (Jonathan Livingston Seagull), EUA, 1974. Baseado no livro homônimo de Richard Bach, publicado em 1970.

Diga-me com quem andas e direi quem és,

deve ser invertido para se tornar válido para as companhias espirituais, atraídas pelo tipo de sintonia que abrimos:

Diga-me quem és e direi com quem andas.

Essa é a verdadeira lei da atração[34], no sentido espiritual, funcionando como um ímã às avessas:

os semelhantes se atraem e os opostos se repelem.

Trata-se de um mecanismo idêntico ao que ocorre entre os "vivos", na escolha das amizades que cultivamos.

---

[34] Lei da atração: muito propalada recentemente, mas no sentido estritamente material, por causa do livro *O Segredo (The Secret)*, de autoria de Rhonda Byrne, e do filme homônimo, lançado em 2006.

Lei de Causa e Efeito

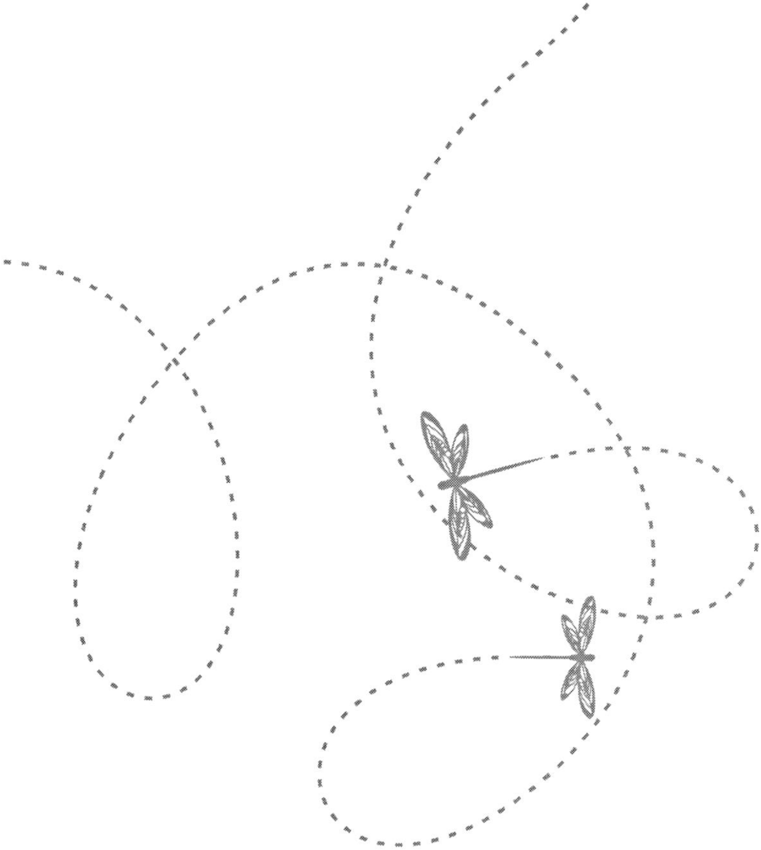

Na vida cotidiana frequentemente fazemos referência ao destino. E geralmente a ele atribuímos a ocorrência, até culpando-o, dos fatos trágicos ou das chamadas desgraças individuais ou coletivas. E em meio a essas circunstâncias, sempre surge alguém, mais interessado na compreensão dos fenômenos da vida, indagando se o destino existe.

Para o esclarecimento da questão, a Doutrina Espírita nos oferece dois elementos preciosos: 1º) em nossa escalada evolutiva, espíritos imortais que somos, podemos fazer uso do livre-arbítrio, isto é, tomar decisões próprias; 2º) entretanto, submetidos que estamos à lei de ação e reação, ou de causa e efeito, toda decisão assumida, negativa ou positiva, gera uma consequência, inevitavelmente. Ou seja, a utilização do livre-arbítrio aciona automaticamente a lei de causa e efeito, provocando o correspondente determinismo, vulgarmente denominado destino.

Exemplificando, se alguém tomar a infeliz resolução de saltar da janela de um prédio, a queda será inevitável. E durante o trajeto será impossível retificar a decisão, pois antinatural seria interromper o cumprimento da lei da gravidade terrestre. Nesse episódio, a queda representa o destino de quem utilizar o livre-arbítrio de se jogar.

Portanto, o destino existe sim. Mas é relevante saber que ele não é aleatório nem fortuito. Ao contrário, ele é sempre resultado de uma ação anterior. E isto tem uma importância capital, pois significa que cada um é construtor do seu próprio destino, que nossa vida não é uma loteria, que ela não se altera ao sabor do acaso.

Entretanto, a reação nem sempre é imediata à ação, o que pode implicar que não identifiquemos a causa provocadora de uma determinada fatalidade. Modificando o exemplo anterior, consideremos que aquele personagem tenha sido jogado do edifício por um inimigo. Presenciamos o destino de quem caiu, mas ignoramos, até ele próprio, o que teria feito para merecer tal sorte.

Todavia, ignorar a causa não implica a inexistência dela. E a causa poderá estar em vidas anteriores, na utilização indevida do livre-arbítrio. Inversamente, presenciamos a ação do outro, de quem cometeu o ato de jogar, o qual acaba de contrair para si um carma, um novo destino.

Muitas vezes, determinismo e livre-arbítrio estão entrelaçados de maneira tal que a conduta que escolhemos para vivenciar um certo destino vai determinar outros destinos. Exemplificando novamente, imaginemos o caso de duas pessoas que passam por uma hospitalização, por alguns dias, em condições semelhantes.

Um reclama de tudo e de todos: das dores, do tratamento, da equipe médica e até dos familiares que dele cuidam. Portando-se de maneira rude e com mau humor permanente, torna-se um paciente difícil. Visitá-lo é missão nada agradável.

O outro, de modo oposto, demonstra tranquilidade e boa-vontade, conquistando a simpatia de todos que trabalham pela sua recuperação. Apesar das dores, procura distribuir sorrisos, levar palavras de alento e otimismo a outros hospitalizados, e até fazer novas amizades.

Sem dúvida, esses dois pacientes constroem destinos opostos, até na memória dos que com eles convivem durante a internação.

A constatação da existência desse entrelaçamento de destinos que estão sendo vivenciados simultaneamente com novos destinos que estão sendo gerados é de extraordinária importância. É a perfeita "coexistência" de passado, presente e futuro.

É um enorme equívoco considerar que a reencarnação e a lei de causa e efeito levam ao comodismo. Isso é examinar apenas uma face da moeda: o presente como fruto do passado. Mas não podemos esquecer que o presente é, ao mesmo tempo, o construtor do futuro.

Não somos espectadores da vida, mas protagonistas dela, até nos momentos em que passamos por "resgate" de natureza cármica, a chamada expiação ou prova, na terminologia espírita. E quando se trata da expiação de outro, não cabem a nossa inércia e passividade, justificando que se trata do seu carma. É inaceitável essa ausência de solidariedade para com o próximo, oriunda de interpretação equivocada e comodista da lei de causa e efeito.

Portanto, podemos obter um novo sentido para a exortação popular:

Vamos viver o presente!

Viver bem o presente é vivê-lo duplamente:

respondendo bem às consequências de ações anteriores e, ao mesmo tempo, explorando as possibilidades para ações novas e edificantes, construindo um futuro melhor.

Assim temos o sentido mais verdadeiro da expressão latina "carpe diem" ("aproveite o dia"), utilizada por poetas e mencionada pelo professor Keating (Robin Williams) aos seus alunos, no filme *Sociedade dos Poetas Mortos*[35]:

> Carpe diem, aproveitem o dia rapazes, tornem suas vidas extraordinárias!

De tema análogo trata a chamada oração da sabedoria, que vimos proferida em reunião de um grupo de Alcoólicos Anônimos:

> Que Deus nos dê calma e serenidade para suportar aquilo que não podemos modificar, força e coragem para modificar o que pode ser modificado, e

---

[35] *Sociedade dos Poetas Mortos (Dead Poets Society)*, direção de Peter Weir, EUA, 1989.

sabedoria e bom-senso para distinguir entre o que pode e o que não pode ser modificado!

Ao compreendermos que o destino existe, mas como efeito de causas conhecidas ou não, precisamos diferenciar destino, de projeto. Uma casa, por exemplo, pode jamais chegar a ser construída, mesmo que exista o seu projeto no papel, a sua "planta", pois um projeto pode ou não ser concretizado.

Imaginemos um espírito que, em seu planejamento pré-reencarnatório, escolhe a medicina como futura profissão. Mas que depois de reencarnado não se dedica o suficiente aos estudos para o concurso vestibular. Nessas condições, impossível será ingressar na faculdade. Então, a escolha feita não representava uma fatalidade, mas um projeto que exigia esforço para ser concretizado. De modo inverso, se apesar de todo empenho, a referida vaga não foi conquistada, podemos deduzir que aquela profissão não fazia parte do seu projeto espiritual.

Reencarnação

No capítulo de introdução e nos dois anteriores, já abordamos alguns aspectos da reencarnação. Voltando ao tema, comecemos pela reprodução de um artigo de Deodato Angelo Cintra[36], nosso saudoso pai:

[36] Deodato Angelo Cintra: *O enfermeiro e o pescador*. O Mensageiro Espírita, Ano II, Nº 18, São Carlos, Outubro/1988. "Seu" Deodato (1924-2005), casado com Wanda Ferreira Cintra, teve três filhos, seis netos e um bisneto.

A tese da reencarnação, como sabemos, é uma das colunas de sustentação da Doutrina Espírita, no seu aspecto filosófico. É através dela que se pode compreender a questão das desigualdades sociais e humanas, vistas por muitos como razão de descrença na justiça divina.

Não é raro encontrar quem duvida do fenômeno reencarnatório e do seu caráter de instrumento da lei de justiça no plano universal. É que quase sempre as pessoas encontram certa dificuldade para compreender os mecanismos da experiência reencarnatória.

Já tivemos oportunidade de ouvir, por exemplo, que a expiação de crime cometido por um indivíduo em outra existência é injusta, uma vez que o agente do crime não foi ele, o que existe agora, mas o outro, da vida anterior.

A confusão que aí se estabelece pode ser desfeita se considerarmos, do ponto de vista espírita, que não há um de agora, e outro do passado. O que há é o homem, o mesmo em essência. A título de exemplificação, queremos contar uma pequena parábola.

Havia, em certo lugar, há muito tempo, um enfermeiro trabalhador e honesto, que era reconhecido por todos pela sua roupa, sempre impecavelmente branca, e pela bondade no trato com as pessoas do lugar, sobretudo os pacientes do hospital.

Certa vez, todavia, levado por circunstâncias imprevistas, não conseguiu controlar o orgulho e o amor próprio feridos, e acabou por cometer um crime de grandes proporções, que abalou a pequena cidade.

Auxiliado por amigos, o enfermeiro conseguiu fugir. Mas, a primeira providência foi abandonar aquela roupagem que o identificava como enfermeiro. Em lugar distante, passou a conviver numa comunidade de pescadores, profissão que ele adotou de maneira integral. Desapareceu o enfermeiro dando lugar ao pescador.

Passado muito tempo, a polícia conseguiu descobrir o seu paradeiro e o aprisionou para cumprir a pena pelo crime cometido.

Seria o caso de questionarmos, então: - é justa a prisão do pescador, sabendo-se que quem cometeu o crime foi o enfermeiro? O pescador foi punido, mas não cometeu o crime. O enfermeiro, o culpado real, não existe mais. Como ficamos?

Basta raciocinar com lógica e a questão se esclarece. A rigor, o enfermeiro e o pescador são estados transitórios da mesma individualidade. Assim não cabe alegar a inocência de um e a culpa do outro. O culpado é o mesmo, é o homem, independente da roupagem que ostentava então, ou agora. Porque a essência é única, é o espírito imortal que, para sua evolução, utiliza diversos corpos, em vidas diferentes. Em síntese, quando a expiação atinge alguém na atual experiência existencial, por culpa de uma falta cometida em outra vida, atinge a essência, a individualidade, o ser espiritual que é o mesmo, a despeito das mutações corporais.

Agora, analisemos outro aspecto da reencarnação, conjugado com a lei de causa e efeito. Façamos uma conjetura sobre a próxima encarnação desse personagem enfermeiro-pescador. Em princípio ele poderá ser assassinado, em cumprimento à lei. Mas não necessariamente, porque a lei de causa e efeito pode ser flexibilizada.

Essa maravilhosa característica da lei pode ser explicada através de uma história. Consideremos uma mulher que, em vida anterior, provocou um ou vários abortos, recusando-se a exercer a função de mãe. É provavelmente por isso que, na vida atual, ela não consegue engravidar, embora deseje ter filhos. Esse fato lhe traz muito sofrimento, entretanto a esterilidade represente o estrito cumprimento da lei de causa e efeito.

É bem provável que ela vá continuar estéril até o fim desta vida. Um dia, porém, surge um fato novo: essa mulher adota uma criança. E, passado algum tempo, dois ou três anos, ela engravida e dá à luz. Esse tipo de desfecho é verídico e amplamente conhecido.

Essa mulher não precisou esperar outra reencarnação para ter condições de engravidar. É que, ao adotar um filho ela demonstrou ter recuperado o apreço pela maternidade. Dispensável, portanto, a continuidade da expiação, pois o aprendizado já foi alcançado. O objetivo da lei espiritual, mais do que punir, é ensinar. E, assim, a lei foi flexibilizada, ou atenuada, anulando a esterilidade antes da época prevista.

Casos dessa natureza às vezes recebem uma interpretação médica segundo a qual o problema da não-gravidez era consequência de uma espécie de bloqueio psicológico. Mas, na explicação espírita, esse bloqueio provém da função de modelo organizador biológico exercida pelo perispírito, ou corpo espiritual.

Fazendo uma analogia, a cozinheira que vai assar um bolo numa forma amassada já sabe que o bolo terá um "defeito" igual ao da forma. Desse modo, as atitudes daquela mulher, que utilizou seu livre-arbítrio para impedir que viesse a ser mãe, imprimiram uma "mancha" no seu perispírito, na região correspondente ao seu órgão reprodutor. Metaforicamente, ela amassou a sua forma de bolo. E assim, ao reencarnar na próxima vida, o perispírito vai imprimir a esterilidade no seu novo corpo físico, gerando um bolo "defeituoso", em cumprimento natural à lei de causa e efeito.

Evolução Espiritual

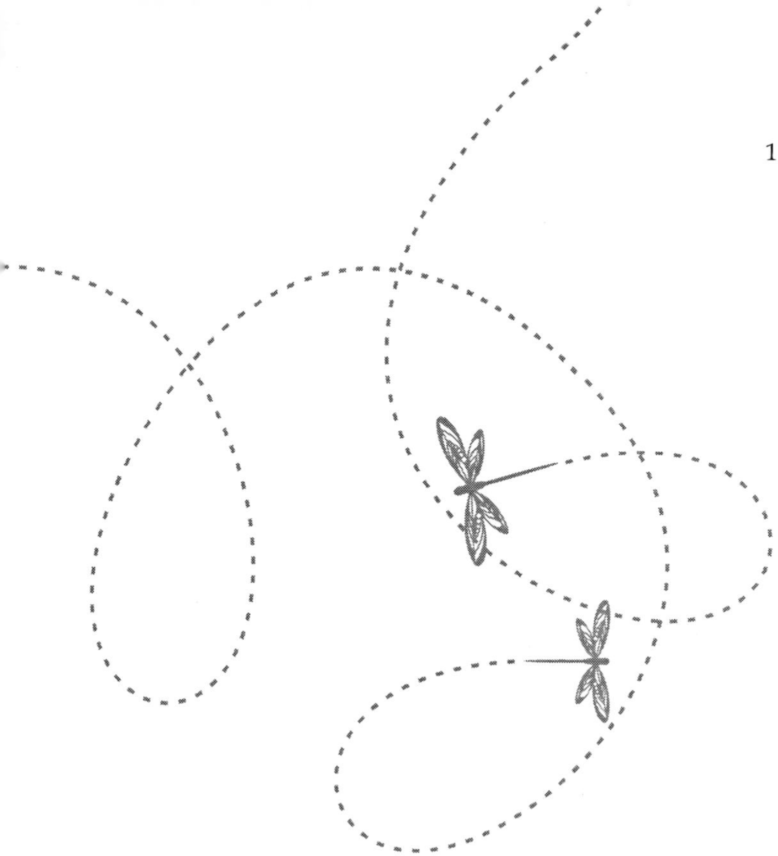

Frequentemente utilizamos a figura de uma escada para representar a evolução espiritual. Dizemos que, de degrau em degrau, através das sucessivas experiências reencarnatórias, todos os espíritos se encaminham para a perfeição, embora uns menos apressados que outros.

Entretanto, para tal finalidade a imagem da escada não é conveniente, uma vez que ela serve também como caminho de descida e, em matéria de evolução espiritual, não há retrocesso. É possível estacionar por certo tempo, mas retroceder jamais.

Também porque a escada constitui um mesmo trajeto para muitos, o que absolutamente não ocorre em termos de evolução espiritual. Cada espírito escolhe os seus próprios caminhos, utilizando seu livre-arbítrio. Não há trajeto comum para vários espíritos nem trajeto pré-determinado. O que é de uma beleza extraordinária, descobrir que não somos robôs programados para fazer isso ou aquilo, mas que, ao contrário, cada um é construtor do seu destino.

Voltando à questão do não-retrocesso, diante de certos acontecimentos poderíamos até colocar em dúvida tal princípio. Lembremos o caso, por exemplo, do enfermeiro, citado no capítulo anterior, que, após anos de conduta exemplar, acaba por ferir alguém mortalmente. Imaginamos, então, que, com a aquisição de tal carma, sua próxima reencarnação teria dificuldades inexistentes na atual. E isso, poderíamos pensar, seria um retrocesso.

Porém, normalmente temos apenas uma visão parcial dos fatos, portadores que somos de uma espécie de miopia espiritual. Na verdade, aquele comportamento satisfatório, até então, impedia de revelar que no íntimo havia uma luta contra o instinto da destruição. Tal espírito aprendia ainda a se desvincular da violência e, justamente por isso, a ele se apresentou um teste de verificação do domínio do reflexo de agressão brutal. Não tendo vencido dessa vez, não se trata de um retrocesso, mas de comprovação da necessidade de continuar o aprendizado.

As dificuldades futuras, somadas às instruções dos espíritos e a convivência com seres pacíficos, constituirão um reforço de aprendizado. Mas surgirão novos testes, cuja aprovação será o exclusivo diploma de evolução conquistada nesse campo. E a partir daí, incorporado em seu patrimônio evolutivo, impedirá de fato a reincidência.

É também o caso problemático do alcoolismo. Os Alcoólicos Anônimos sabiamente consideram que quem inicia o processo de abandono da dependência da bebida, é um adicto em recuperação, mas nunca um ex-alcoólatra. Porque poderá haver retorno, a popularmente denominada recaída, o que evidentemente não representará um retrocesso, mas sim um atestado de

problema ainda não resolvido.

Portanto, o conjunto de experiências necessárias à evolução espiritual, em determinado setor, constitui uma espécie de ciclo. Pode-se repetir o mesmo ciclo, o que não é retroagir, até se obter a aprovação inquestionável, abrindo-se então um novo ciclo evolutivo.

Em cada ciclo, o processo que se apresenta é de tentativas e erros. Observemos, por exemplo, uma criança que aprende a falar. Ela faz tentativas ao emitir os primeiros sons, as primeiras palavras, e posteriormente tentativas de concordância e de conjugação. Tentativas marcadas por erros e correções.

Em síntese, não subimos a escada da evolução, mas atravessamos ciclos evolutivos, em múltiplas reencarnações, fazendo tentativas e erros, utilizando esforço e perseverança.

Mediunidade

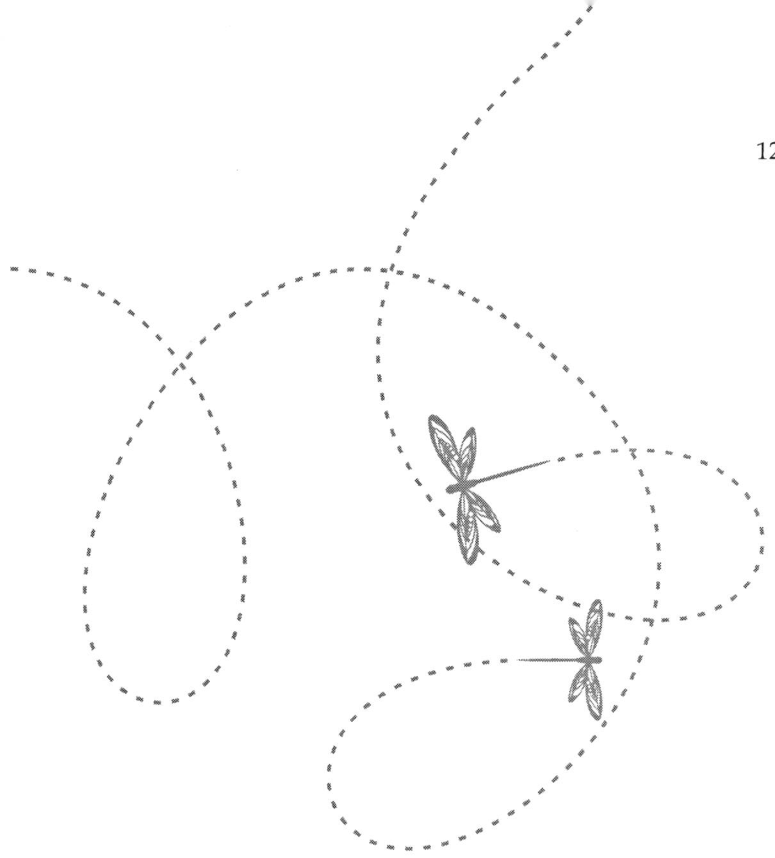

Os aparelhos de rádio ou TV permitem uma boa analogia com o fenômeno da mediunidade, facilitando sua compreensão. Imaginemos um televisor desligado. Não captamos imagem nem som de nenhuma emissora. Entretanto, não podemos duvidar de que as imagens, invisíveis, e os sons, inaudíveis, das diversas emissoras, estão presentes, ao nosso redor. Falta ligar o aparelho para captá-los. Analogamente, o médium faz o papel de "aparelho sintonizador" do mundo espiritual, cujas irradiações estão ao nosso alcance.

É assim que, no filme *O Sexto Sentido*[37], o garoto médium Cole Sear (Haley Joel Osment) explica, ao revelar o seu segredo ao psicólogo Malcolm Crowe (Bruce Willis):

> Eu vejo gente morta... Andando por aí como gente comum... O tempo todo... Estão em toda parte.

Nesse filme, são mostradas duas facetas da mediunidade. Primeira, a que atrapalha a vida do médium que ainda não tem o domínio do fenômeno, pois a visão de espíritos, por exemplo, ocorre em qualquer momento e com características assustadoras, mesmo se os espíritos querem apenas ser ajudados. E, segunda, o exercício tranquilo e útil da mediunidade, visto na cena emocionante, dentro de um carro, parado no engarrafamento causado por um acidente, em que Cole transmite a sua mãe um

[37] *O Sexto Sentido (The Sixt Sense)*, direção de M. Night Shyamalan, EUA, 1994.

recado esclarecedor da avó dela, morta há tempos.

Ainda em *O Sexto Sentido,* temos a demonstração do fato comum e verdadeiro de que espíritos podem desconhecer que já "morreram". Essa realidade é explorada de forma interessante e surpreendente no filme *Os Outros*[38], em que Grace (Nicole Kidman) vive reclusa com seus dois filhos, numa mansão isolada, esperando seu marido voltar da guerra.

Dezenas de outros filmes abordam temáticas espíritas, geralmente com distorções mais ou menos acentuadas, pois a sua finalidade não é ensinar os postulados espíritas. Um dos filmes pioneiros nessa temática foi dirigido por Hitchcock[39], o mestre do suspense.

Sem ser médiuns, muitas crianças pequenas relatam espontaneamente e sem sensação de medo a existência de amiguinhos invisíveis ou a presença

---

[38] *Os Outros (The Others),* direção de Alejandro Amenábar, EUA, 2001.

[39] Alfred Joseph Hitchcock (1899-1980), cineasta inglês. *Rebecca, a Mulher Inesquecível* (Rebecca), EUA, 1940: mulher casada com um viúvo é assombrada pelo espectro da primeira esposa dele.

de "pessoas" que os adultos não veem. Isso ocorre porque, nos primeiros anos de vida, a reencarnação ainda está em processo final de consolidação, permitindo que a criança participe, ao mesmo tempo, e com naturalidade, dos mundos material e espiritual. Essas ocorrências se encerram completamente antes dos sete anos de idade.

Há bebês que têm muita dificuldade para dormir. Choram mais do que o normal, relutam em adormecer, acordam sobressaltados. Às vezes, esse "tormento" para os pais dura meses, sem haver qualquer causa física. Pode ser um problema de natureza espiritual de que os próprios pais têm condição de cuidar, fazendo prece junto ao berço e mesmo aplicando passe na criança. Uma transferência de energia amorosa costuma ser um "santo" remédio.

Nas chamadas situações de quase-morte, pode ocorrer a clássica experiência em que o paciente se vê no mundo espiritual, após atravessar uma espécie de túnel, e tem contato com espíritos, o que geralmente lhe causa uma sensação de muita paz. Nesse tema, recomendamos o documentário *Vida*

Depois da Morte (Beyond and Back), de 1978, que traz relatos impressionantes.

Nos enfermos acometidos de doença terminal prolongada, também é comum que vejam e conversem, em voz alta, com espíritos familiares que lhes preparam uma verdadeira recepção festiva no mundo espiritual. E nós, incautos, interpretamos aquilo como delírio de paciente à beira da morte.

Essa "mediunidade" no leito de morte geralmente é acompanhada pela chamada "melhora para morrer". Inexplicavelmente, o "desenganado" apresenta sintomas de recuperação, recobra a lucidez e os parentes se tranquilizam. E, assim, diminui o cerco, sobretudo mental, sobre o desencarnante, o que facilita o trabalho dos espíritos encarregados de libertá-lo do corpo físico e recepcioná-lo do "lado de lá".

Ocorrida a desencarnação, geralmente tentamos consolar os familiares e amigos com uma frase desprovida de qualquer significado espiritual:

Ele descansou.

O corpo, pura matéria, vai se decompor, ou "retornar ao pó", na expressão bíblica[40]. Mas a vida, em espírito, continua. Pode ocorrer um certo torpor, uma dormência temporária, até que as condições sejam propícias para o desencarnado tomar contato com a sua nova realidade. Contudo, descanso, ou sono eterno, é um eufemismo, maneira simplificada de suavizar um fato visto como trágico. De qualquer forma, não deixa de ser um mito que encobre a grandiosidade da vida espiritual.

E, geralmente, preferimos manter essa "cegueira espiritual" ao explicitar oralmente ou inscrever nos jazigos:

Descanse em paz!

Aliás, a habitual inscrição nos túmulos:

Aqui jaz...

---

[40] Essa expressão é utilizada várias vezes na Bíblia, a começar de Gênesis 3:19.

só tem sentido para os materialistas. Para espiritualistas, deveria ser:

Aqui jazem os despojos mortais de...

A propósito, o mais brilhante epitáfio que já vimos foi a frase criada por Mario Quintana[41], para que gravassem em sua lápide:

Eu não estou aqui[42].

Voltando à mediunidade, um dos tipos mais conhecidos é a psicografia, através da qual o médium escreve mensagens "ditadas" pelos espíritos. Assim, temos mensagens avulsas ou, até, livros psicografados.

A psicografia notabilizou o extraordinário mé-

---

[41] Mario Quintana (1906-1994), poeta brasileiro.

[42] Rubem Alves: *O vírus da "gripe literária"*. Revista Educação, ano 10, nº 109, p. 90.

dium brasileiro Chico Xavier[43], não só pela publicação de centenas de livros, de romances a doutrinários, mas também pelo atendimento àqueles que, diante da morte de um ente querido, o procuravam em Uberaba em busca de consolo, na esperança de receber uma mensagem psicografada. Algumas dessas mensagens tiveram repercussão internacional, aceitas que foram como prova, em tribunal de júri, na defesa de acusados de homicídio[44].

Para os médiuns em geral e os psicógrafos em particular, podemos distinguir duas categorias extremas: os inconscientes e os conscientes, além dos casos intermediários dos semi-conscientes.

Nos primeiros, pode-se falar em incorporação, pois é como se o espírito "tomasse o corpo do mé-

---

[43] Francisco Cândido Xavier (1910-2002), funcionário público federal, psicografou cerca de 400 livros; desde o primeiro cedeu os direitos autorais a instituições de caridade e organizações espíritas. De caráter simples e humilde, Chico Xavier era muito estimado mesmo por não-espíritas, tendo sido eleito o mineiro do século, seguido por Santos Dumont e Pelé, em pesquisa popular da Rede Globo Minas, em 2000.

[44] Três desses casos foram exibidos no programa Linha Direta Justiça, da TV Globo, em 4/11/2004, e constituem parte do DVD *As Cartas de Chico Xavier e Outras Histórias Misteriosas*, Globo Marcas, 2005.

dium momentaneamente". Assim, a mensagem escrita reproduz a mesma caligrafia do espírito, quando encarnado. No caso de psicofonia, o médium fala com a "voz do espírito" e até pode usar um idioma que desconhece. Encerrado o transe mediúnico, o médium não tem lembrança do conteúdo da mensagem nem do seu autor.

Ao contrário, o médium consciente "recebe" não a entidade espiritual, mas a ideia a ser falada ou escrita, numa espécie de telepatia. O médium funciona como um intérprete da ideia que lhe foi inspirada, utilizando sua capacidade intelectual e seu vocabulário. A voz e a caligrafia são as do próprio médium, que tem conhecimento total do conteúdo da mensagem. Com a mediunidade consciente pode ocorrer que o espírito, autor da mensagem, esteja distante e que, por isso, sua mensagem possa ser captada por vários médiuns, em diferentes locais, ao mesmo tempo. Assim poderemos ter mensagens semelhantes no conteúdo e bem diferentes na forma, porém "assinadas" pelo mesmo espírito.

Portanto, uma caligrafia diferente não pode ser prova de falta de autenticidade de uma mensagem.

O fato de o grupo receber uma mensagem de Bezerra de Menezes[45], por exemplo, não significa que esse espírito tenha visitado o grupo, participando dos seus trabalhos.

Na mediunidade inconsciente, o médium não é joguete do espírito, pois há um código de ética a ser respeitado. Assim, o espírito só faz o que o médium quer, ou aquilo que permite fazer. Não pode o médium isentar-se de qualquer responsabilidade por ato praticado, com a justificativa de que estava mediunizado. É impossível ao espírito dizer um palavrão, por exemplo, se isso não fizer parte dos hábitos do médium.

A mediunidade consciente geralmente constitui uma dificuldade nos chamados grupos de desenvolvimento mediúnico, por suscitar dúvida no médium. Relutando em iniciar a mensagem, falada ou escrita, o médium questiona se não poderia ser

[45] Adolfo Bezerra de Menezes Cavalcanti (1831-1900), médico, expoente da implantação do Espiritismo no Brasil, empresta seu nome a inúmeros centros e instituições espíritas. Sua vida foi retratada no filme *Bezerra de Menezes, o Diário de um Espírito*, que estreou em circuito nacional em 29/9/2008.

animismo, pelo qual as palavras seriam fruto da sua própria mente, da sua imaginação. E isso bloqueia o intercâmbio mediúnico. Para sua comodidade, o médium psicógrafo fica esperando que sua mão comece a escrever, mecânica ou involuntariamente. Todavia, na mediunidade do tipo consciente isso jamais vai acontecer.

Por meio da mediunidade, Allan Kardec[46], que não era médium, produziu a obra excepcional da codificação da Doutrina Espírita.

Numa época, década de 50 do século XIX, em que o intercâmbio com os espíritos tornara-se a principal brincadeira de salão da sociedade francesa, e da parisiense em especial, Kardec vislumbrou nisso algo de especial importância e começou a fazer perguntas nada fúteis, dando novo rumo aos "diálogos com os espíritos".

---

[46] Allan Kardec, pseudônimo de Denizard Hippolyte Léon Rivail (1804-1869), educador francês, discípulo de Pestalozzi, autor de obras didáticas, é o codificador da Doutrina Espírita. Além dos cinco livros considerados básicos do Espiritismo, publicou outras obras espíritas, editou a *Revista Espírita* por 12 anos e fundou a Sociedade Parisiense de Estudos Espíritas, em 1858, a primeira instituição espírita regularmente constituída.

Utilizando um método científico, Kardec valia--se de diferentes médiuns, em diversos locais, em épocas variadas, fazia perguntas repetidas e comparava as respostas, aceitando concordâncias e recusando divergências, para atender ao princípio do ensinamento universal, e fazendo novas perguntas, como um "detetive" *sui generis*. E assim, deu corpo a uma nova doutrina, criando inclusive um termo para denominá-la, o Espiritismo, sistematizando conceitos que já eram de conhecimento antigo da humanidade, como a reencarnação, a própria mediunidade etc.

Dessa atividade de arguição aos espíritos surgiu, em 1857, *O Livro dos Espíritos*, cujo título se justifica pelo fato de a obra, escrita na forma de perguntas e respostas, trazer as respostas dos espíritos às perguntas do autor.

A mediunidade mereceu atenção especial de Kardec, através de duas obras: *O Livro dos Médiuns*, em 1861, e *O Céu e o Inferno*, de 1865. Nesta, são reproduzidas dezenas de mensagens, que tratam da descrição do mundo espiritual e da situação pós--morte de vários espíritos, "aprovadas" pelos critérios rigorosos do autor. Infelizmente ainda hoje são quase desconhecidos os critérios de Kardec para o exame das comunicações mediúnicas, publicados em dois artigos na *Revista Espírita*[47].

Entre aqueles dois livros, em 1864 Kardec publicou *O Evangelho Segundo o Espiritismo*, em que interpreta e comenta os ensinamentos de Jesus à luz dos postulados espíritas. E, completando o chamado pentateuco espírita, o conjunto das suas cinco obras básicas, veio a lume *A Gênese*, em 1868. A Doutrina Espírita surgiu com duplo aspecto: ciência e filosofia.

É ciência porque o Espiritismo nasceu de um método experimental e se submete ao crivo de pesquisas científicas. É doutrina filosófica porque apresenta explicações lógicas e racionais para todos os questionamentos do homem sobre a vida, em vez de alegar mistérios e dogmas. Foi sobretu-

---

[47] Allan Kardec: *Deve publicar-se tudo quanto dizem os espíritos?* Revista Espírita, Vol. II, Novembro de 1859, p. 281-284, IDE, Araras - SP. Allan Kardec: *Exame das comunicações mediúnicas que nos enviam*. Revista Espírita, Vol. VI, Maio de 1863, p. 156-159, IDE, Araras - SP.

do no Brasil que o Espiritismo adquiriu o caráter adicional de religião.

No dia a dia, ocorre com relativa frequência que alguém, portador de um problema de natureza espiritual, uma perturbação ou uma obsessão, receba a seguinte indicação:

> – Você tem mediunidade para desenvolver. Participe de reuniões de desenvolvimento mediúnico!

Nesse tipo de orientação há um equívoco triplo: 1º) o diagnóstico apressado de mediunidade para desenvolver; 2º) a colocação, à mesa de trabalhos mediúnicos, de alguém que não tem qualquer conhecimento do assunto; e 3º) o encaminhamento ao desenvolvimento mediúnico antes do tratamento espiritual. Fizemos uma abordagem específica desse tópico num texto separado, intitulado *Mediunidade para Desenvolver*[48].

As tais perturbações espirituais e obsessões já

[48] Apresentado no Apêndice deste livro.

foram muito confundidas com desequilíbrio mental e até loucura. Inúmeros foram os casos de obsediados que amargaram anos de internação em hospitais psiquiátricos, sem obter cura. Faltou conciliar o tratamento médico, sempre necessário, com o espiritual. De modo oposto, há o exagero de considerar que tudo é obsessão.

Didaticamente, podemos dividir a obsessão em dois tipos:

No primeiro, um encarnado atrai um espírito desencarnado afim, que atuará como um obsessor, em decorrência da sintonia vibratória. Exemplificando: surge um problema de natureza física ou psicológica e a atitude mental infeliz ou uma forma de reagir complicada do paciente pode atrair espíritos dessa mesma frequência vibratória, agravando o problema. O inverso também é possível, quando uma pessoa, não portadora de enfermidade, procede de modo a abrir uma sintonia negativa, atraindo para junto de si, espíritos que comungam desse mesmo padrão vibratório, cuja companhia pode desenvolver um problema de saúde ou psicológico.

Independentemente de como foi o início, há um círculo vicioso em que problema físico e atitude mental se alimentam reciprocamente, cuja ruptura exige tratamento duplo: médico e espiritual.

No segundo tipo de obsessão, há um vínculo antigo com determinado espírito, que agora busca uma "vingança". Na solução desse tipo de problema, o Espiritismo substituiu a prática do exorcismo pelo tratamento espiritual, mais eficaz, que inclui a chamada reunião de desobsessão, com o objetivo de esclarecer o espírito obsessor para que ele desista do seu intento.

Mediunidade e Espiritismo

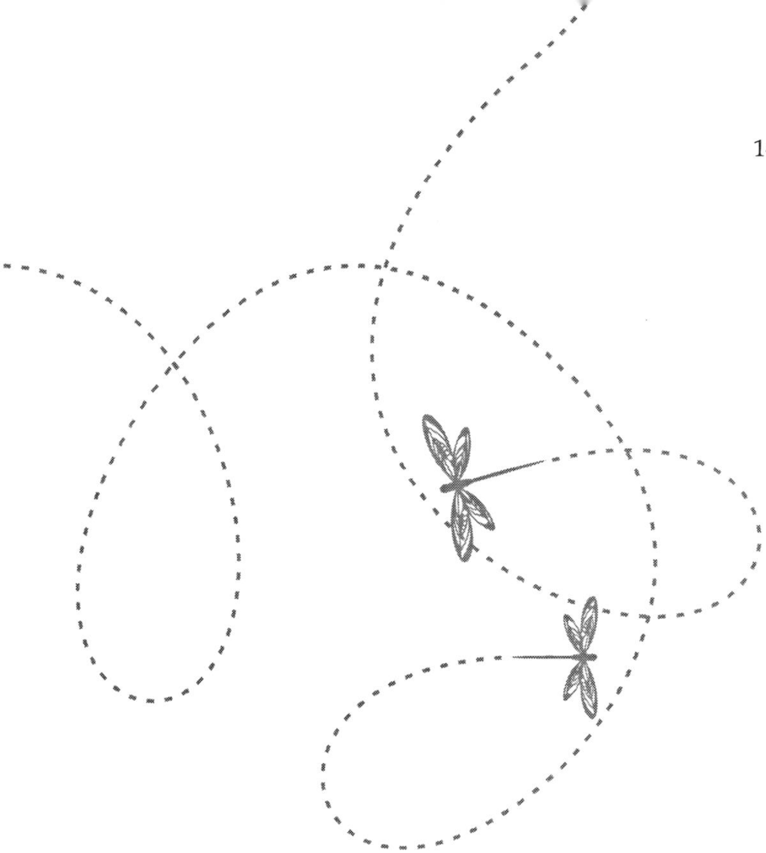

A mediunidade tem sido praticada pelo homem desde tempos muito remotos. Sabe-se que, milhares de anos antes de Cristo, os Vedas (Ásia Central) já transmitiam aos iniciados as leis da comunicação com os mortos, entre outras.

Da Antiguidade grega e latina são conhecidos os sacerdotes e os adivinhos que prediziam o futuro, as pitonisas que ditavam oráculos e as sibilas que profetizavam. Os filósofos gregos explicavam os oráculos pela intervenção dos espíritos. Inclusive, um desses filósofos era médium: Sócrates ouvia, desde criança, uma voz tutelar que se manifestava nos momentos difíceis para lhe indicar a melhor conduta a seguir (mediunidade de audição).

São numerosas as referências bíblicas sobre manifestações mediúnicas de vários tipos. Sob o nome de anjos, deuses, Espírito Santo etc., os espíritos tomam parte em muitos fatos, intervêm em muitos acontecimentos. Merece citação, entre outras, a passagem em que Saul consulta uma pitonisa de En-Dor[49].

O rei Saul, que tinha expulsado os adivinhos e encantadores (médiuns), encontrava-se aflito por estar acossado pelos inimigos. Disfarçado, procura então a pitonisa e pede-lhe para falar com Samuel, que morrera alguns anos antes. Prudente, ela faz observar o perigo de desobedecer à ordem real. Mas, perante o juramento dele de que nenhum mal lhe viria, a pitonisa faz a evocação. E aí o profeta

---

[49] I Samuel, 28:3-19.

Samuel fala com Saul, por intermédio da pitonisa, travando um autêntico diálogo entre vivo e "morto", como comumente se faz hoje na mediunidade chamada psicofônica.

Não há dúvida de que naquela época se fazia generalizadamente a evocação aos "mortos". A maior prova disso é a conhecida proibição de Moisés[50] para coibir os abusos que se cometiam. Quase ignorada, todavia, é a sua autorização[51] ao uso da mediunidade. O próprio Moisés era um médium extraordinário.

Em relação ao Cristo, também há inúmeros acontecimentos de natureza mediúnica como, por exemplo, a sua esplendorosa transfiguração[52], na presença de Pedro, Tiago e João, quando lhes apareceram os espíritos Moisés e Elias e falaram com Jesus.

Paulo, o valoroso pregador da Boa Nova aos gentios, demonstra em várias epístolas que as manifestações mediúnicas eram práticas usuais entre

---

[50] Deuteronômio, 18:10-11.

[51] Números, 11:26-29.

[52] Mateus, 17:1-3.

os cristãos primitivos. Exemplificando, Paulo recomenda[53]:

> irmãos, procurai com zelo profetizar e não proibais falar línguas, mas faça-se tudo decentemente e com ordem.

A palavra profetizar, muito empregada no Novo Testamento, geralmente significa falar mediunizado ou utilizar a mediunidade de psicofonia, enquanto que falar línguas estrangeiras pela mediunidade recebeu modernamente a denominação de xenoglossia.

A própria conversão de Paulo[54], na estrada de Damasco, ocorreu através de um fenômeno mediúnico inquestionável, em que o Cristo conversou com ele. Ainda de Paulo, temos a sua magnífica orientação aos médiuns quando discorre "acerca da diversidade de dons espirituais"[55].

---

[53] I Aos Coríntios, 14:39-40.

[54] Atos, 9:3-8.

[55] I Aos Coríntios, 12:1-11.

Muitos dos considerados santos da Igreja Católica realizaram "milagres" extraordinários. Como o caso de Santo Antonio de Pádua, cujo pai ia ser condenado em Portugal, na cidade de Lisboa, sob a acusação de haver cometido um assassinato. No momento da execução, Santo Antonio aparece e demonstra a inocência do seu pai. Comprovou-se que, naquele mesmo instante, Santo Antonio estava na Itália. Trata-se do fenômeno mediúnico da bicorporeidade.

Na Idade Média, Joana D'Arc foi condenada à fogueira porque ouvia vozes que a orientavam, vozes dos espíritos São Miguel, Santa Catarina e Santa Margarida. Além dos fenômenos da audição de espíritos, ela manifestava também a vidência e a premonição.

Durante os séculos medievais, toda pessoa suspeita de atividade mediúnica era considerada discípula do demônio e condenada à morte. Ao longo da História, portanto, a mediunidade foi incompreendida. Paradoxalmente, ora os médiuns foram respeitados como profetas e até canonizados, ora foram considerados bruxos ou feiticeiros.

Somente com o advento da Doutrina Espírita é que a mediunidade passou a ser analisada e entendida. Em *O Livro dos Médiuns*, Allan Kardec demonstrou que a mediunidade é uma faculdade natural e inerente ao ser humano; que os fenômenos mediúnicos não são milagres nem mistérios, pois têm uma explicação lógica e racional; e que os médiuns não são santos nem bruxos, mas pessoas normais que servem de instrumento de comunicação entre os mundos material e espiritual, ou entre nós e os espíritos.

Além de eliminar o sentido sobrenatural que se atribuía à mediunidade até então, Kardec alertou para o bom uso que dela se deve fazer, inclusive o dar de graça o que de graça recebemos. Então, os grupos espíritas estudam e praticam a mediunidade, mas isso não significa que o Espiritismo criou a mediunidade nem que seja proprietário dela. A mediunidade é antiquíssima, enquanto o Espiritismo completou, em 2007, apenas 150 anos.

Portanto, há mediunidade dentro e fora do Espiritismo; há médiuns espíritas e também médiuns não-espíritas; os grupos em que ocorrem fenômenos mediúnicos não são necessariamente espíritas. Muitas vezes reportagens de TV mostram claramente que a mediunidade é exercida por pessoas de diferentes credos, seitas e religiões.

Assim, é absolutamente normal a mediunidade surgir em pessoas não-espíritas. Às vezes, certos problemas considerados psiquiátricos são indícios de fenômenos mediúnicos, de uma mediunidade que começa a desabrochar.

Grupos Espíritas

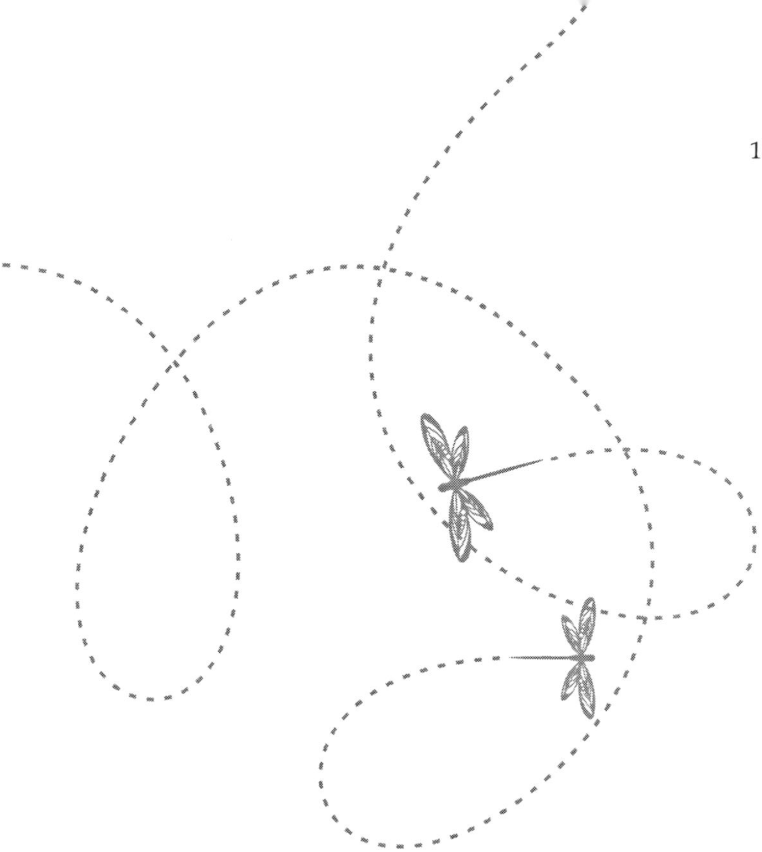

Imaginemos alguém que tenha lido o capítulo anterior e nos peça mais esclarecimentos, dialogando conosco:

— Li, no capítulo Mediunidade e Espiritismo, que a Doutrina Espírita não criou nem é proprietária da mediunidade e que há médiuns dentro e fora do Espiritismo. E também que os grupos mediúnicos não são necessariamente espíritas. Então, pergunto: como reconhecer se um grupo ou centro é mesmo espírita?

— Bem, inicialmente lembre-se de que o adjetivo espírita refere-se ao substantivo espiritismo, o qual significa a doutrina codificada por Allan Kardec. Então, só é verdadeiramente espírita o grupo que segue as orientações de Kardec.

— E no caso específico das reuniões mediúnicas, quais seriam essas orientações?

— São aquelas que constam de *O Livro dos Médiuns*.

— Poderia citar algumas delas?

— Mas é claro! Inicialmente, saiba que no ambiente deve reinar a seriedade.

— Entendi. Não deve haver futilidade no trato com a espiritualidade.

— E, manifestando-se espíritos sofredores, deve haver exclusivamente o propósito de socorrer e esclarecer.

— Compreendi. Nunca dar guarida à curiosidade de saber seus nomes, quem foram, onde moravam e, até, quando e como faleceram.

— Exato. Quanto aos participantes encarnados, devem ser orientados a se preparar para o trabalho, principalmente no dia da reunião, através de preces, leituras elevadas, refeições mais leves e, sobretudo, um comportamento mais fraterno e cristão.

— Ah! Estou vendo que não se improvisa um ambiente vibratório elevado.

— Sem dúvida. A parte inicial da reunião deve ser reservada ao estudo da mediunidade.

— Mas e aqueles que acham que para exercer a mediunidade não precisam ler ou estudar?

— Estão completamente enganados. O médium é um instrumento para o trabalho espiritual e quanto mais souber sobre a faculdade que possui, melhor rendimento apresentará no trabalho. E também menor risco correrá no contato com as várias categorias de espíritos.

— Quer dizer que há espíritos de diferentes tipos?

— Certamente que sim. Há os que são bondosos, os honestos, os sinceros, mas também os falsos, os vingativos, e até os brincalhões. É exatamente por causa disso que na parte final da reunião devemos analisar e discutir as mensagens recebidas. Não podemos aceitar cegamente o que vem dos espíritos, mas só o que está de acordo com a nossa razão.

— Puxa, essa é boa! E eu que pensava que tudo que os espíritos dizem é verdadeiro e deveria ser obedecido! Mas e quando se trata do "guia"?

— Muita cautela com os chamados guias. Os espíritos realmente benfeitores não impõem, não determinam, não exigem. Apenas sugerem, deixando sempre as decisões para os encarnados.

— Nossa, mais essa! Então não se deve consultar o guia a toda hora?

— De jeito nenhum. Se temos o livre-arbítrio é para usá-lo, não acha? Raras são as ocasiões em que devemos consultar o mentor do grupo e somente para questões de natureza espiritual. Ainda assim, devemos fazer uma análise prévia do problema para expor ao mentor as várias alternativas de solução, em vez de simplesmente perguntar qual a solução. Obviamente as manifestações espontâneas dos mentores são bem-vindas, mas também precisam ser analisadas pelo grupo.

— Por que tanta precaução?

— Porque senão corremos o risco do grupo ficar completamente fascinado por determinado espírito, conforme testemunha a história da prática mediúnica, repetidas vezes.

— E com relação aos chamados trabalhos de cura, quando eles são espíritas?

— Os trabalhos de cura somente devem ser considerados espíritas quando extrapolam o fenômeno e adentram o Espiritismo. Ou seja, é preciso que além do tratamento físico se faça o esclarecimento doutrinário. Afinal, o que há de mais importante na Doutrina Espírita é a própria doutrina.

— Percebo agora que sem essa atividade simultânea, o trabalho do médium curador fica semelhante ao do médico: vamos ao consultório ou ao hospital e voltamos a mesma pessoa, curada ou não, mas a mesma pessoa, sem qualquer transformação interior.

— Exatamente. E também veja que não basta o médium dizer que o seu trabalho é espírita, nem significa muito uma placa com o letreiro espírita.

— E quanto à forma, como é a religião espírita?

— O Espiritismo é uma religião cristã, como várias outras. Mas na forma, é muito diferente das demais. Os grupos autenticamente espíritas devem: não ter hierarquia religiosa (sacerdotes, pastores, bispos, nem médiuns principais); não adotar cultos, rituais e sacramentos (batizados, casamentos etc.); não utilizar altares e imagens; não usar paramentos e roupas especiais nem talismãs ou amuletos; não confeccionar horóscopos ou praticar a cartomancia; não realizar danças e procissões; não utilizar incenso, velas e bebida alcoólica; não sacrificar animais; não efetuar promessas ou despachos; não manter crendices ou superstições. Nas práticas espíritas, ao contrário, devemos seguir o exemplo de Jesus que sempre agiu com simplicidade, orando, curando, ensinando, sem quaisquer gestos especiais, fórmulas ou condicionamentos.

Conclusão

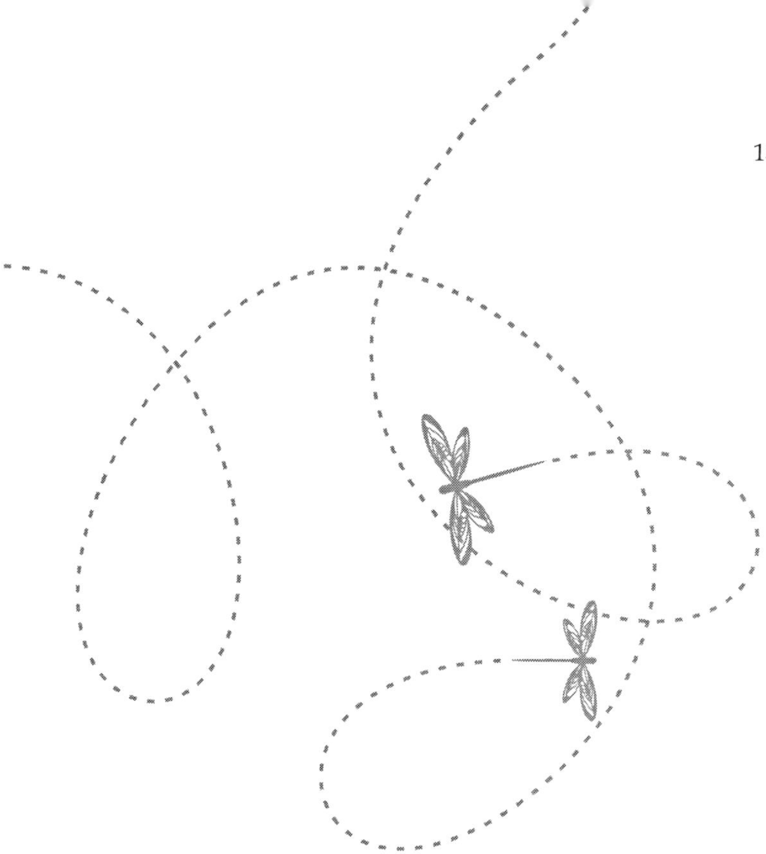

Considerando a imortalidade da alma e a eternidade da vida, somos todos viajantes de uma imensa e fantástica jornada. É a jornada da vida, não somente a existência atual, mas a existência que engloba esta e muitas outras que já vivemos e que vamos viver.

Submetidos que somos à lei da reencarnação, estamos sempre vivos, mesmo quando estamos “mortos”. Porque a morte não é o fim da vida, mas apenas a falência do corpo físico, o invólucro carnal do qual o espírito se serve para viver no mundo dos "encarnados".

Não podemos confundir reencarnação com ressurreição dos mortos. Na Bíblia, o termo ressurreição designa tanto o ressurgimento para a vida espiritual, após a morte, como fenômenos mediúnicos de aparição e de materialização de espíritos, e até casos de pessoas que foram ressuscitadas, não porque estivessem mortas, mas que passavam por estados de catalepsia ou de letargia.

A propósito, algumas religiões pregam a ressurreição do corpo ou da carne, pela qual, após a morte e a decomposição do corpo, haveria a volta da vida no mesmo corpo. Trata-se de uma tentativa ineficiente e inglória de combater a ideia da reencarnação.

Sobre o entendimento de que não somos o nosso corpo, o testemunho mais marcante que já vimos ocorreu em 1981, no velório do técnico de futebol Cláudio Coutinho[56]. Um repórter de TV indagou

---

[56] Cláudio Coutinho (1939-1981), treinador da seleção brasileira de futebol na Copa do Mundo de 1978, realizada na Argentina, morreu afogado, aos 42 anos, praticando pesca submarina, no mar do litoral carioca.

ao filho de Coutinho, uma criança de menos de 10 anos, o que estava sentindo ao se despedir do pai. E aquela criança, apontando para o cadáver, disse com uma sabedoria surpreendente:

> Mas isso não é o meu pai, é só o corpo dele.

Portanto, ao desencarnar continuamos vivos, em espírito. A vida não acaba, mas prossegue no seu âmbito mais grandioso, o espiritual. E, no mundo espiritual, temos a oportunidade de reencontrar aqueles que nos são caros, bem como nossos desafetos, que nos antecederam na morte.

Mas também pode haver encontros dos vivos com os mortos. Médiuns podem ver, ouvir, falar e até psicografar mensagens, utilizando a comunicabilidade com os espíritos. Todos nós, independente de ser ou não médium, podemos rever os mortos durante o sono.

Quando dormimos, podemos ter verdadeiros encontros com entes queridos já falecidos. Enquanto o corpo repousa, em espírito podemos nos encontrar também com outros encarnados, de quem gostamos, numa experiência que se traduz, ao acordarmos, em lembranças de um sonho agradável. Ou ter contato com desafetos, encarnados ou desencarnados, que nos provocam medo, situação problemática cuja saída é nos refugiar no corpo, acordando apavorados, mas livres do "pesadelo".

Nas nossas múltiplas vidas, e em seus intervalos, fazemos muitas escolhas, com a utilização do livre-arbítrio. Como a cada ação corresponde uma reação, lei da física, a cada opção feita geramos uma consequência. É a lei de causa e efeito, que explica não somente nossas expiações, mas que, sobretudo, nos indica que o nosso futuro, próximo ou distante, está sendo construído com as nossas escolhas do presente.

Entender que há uma jornada em andamento, porém sem caminho definido, é de uma beleza tão fabulosa, que mereceu uma versão poética, na grande inspiração de Antonio Machado[57]:

---

[57] Antonio Machado (1875-1939), poeta espanhol.

> Caminante, no hay camino, se hace camino al andar[58].

E nessa jornada, percorrendo caminhos que nós mesmos criamos, buscamos a acumulação de conhecimento e de virtudes. Por meio das diversas experiências reencarnatórias, vamos conseguindo a evolução espiritual.

Esse axioma espírita está representado pela frase inscrita no dólmen do túmulo de Allan Kardec, no Cemitério Père-Lachaise, o mais importante de Paris:

> Nascer, morrer, renascer de novo, progredir sem cessar tal é a lei[59].

Em cada etapa da nossa jornada, ou em cada reencarnação, somos convidados a dar novos impulsos evolutivos. Nesse processo, a qualidade dos

---

[58] Tradução para o português: Caminhante, não há caminho, faz-se o caminho ao andar.

[59] Original em francês: *Naître, mourir, renaître encore et progresser sans cesse telle est la loi.*

nossos relacionamentos é de fundamental importância, em cada nova vida que temos. Convivemos com pessoas já "conhecidas" de vidas passadas, para reforçar as afeições anteriores e superar conflitos, mas também estamos sempre iniciando novas relações interpessoais, que poderão perdurar nas vidas futuras.

Por isso, a exortação-título: *Viva a vida!*

Vivamos a vida, com mais perseverança, com menos medo de errar, e muito conscientes de que o erro é valioso instrumento de aprendizado.

Vivamos a vida, sem nos culpar em demasia pelos erros cometidos, exercitando o amor que cobre a multidão de pecados em todos os relacionamentos que a vida nos oferece, e praticando o verdadeiro perdão, porque além de condutas de que não gostamos ou que não aceitamos, há seres humanos desejosos da nossa benevolência.

Vivamos a vida, sem escolher ser vítima de nada e tentando, mesmo nas condições mais desfavoráveis, angariar o bem-querer daqueles que são testemunhas dos nossos momentos indesejados.

Vivamos a vida, empregando a meiguice e a generosidade como antídotos para vencer as contendas dos relacionamentos difíceis.

Vivamos a vida, esforçando-nos para não querer ter razão nas discussões, para deixar de ser teimosos e aprender a ouvir, e para conviver bem com todas as pessoas do nosso círculo de relacionamentos.

Vivamos a vida, cuidando para perceber quando não é eficaz racionalizar e, em vez disso, direcionar nossa conversação para aspectos emocionais e afetivos.

Vivamos a vida, exercitando a capacidade de induzir conclusões, pois nada nos impede de meditarmos, sozinhos, para encontrar soluções e tomar decisões, mas não tiremos o prazer das pessoas envolvidas de chegarem às mesmas conclusões.

Finalmente, vamos viver a vida reconhecendo que não estamos desvinculados do mundo espiritual. Que temos não só intuições, transmitidas pelos espíritos, mas também recebemos constantemente influenciações espirituais, boas ou más, de acordo com o que nós mesmos atraímos.

Essas influências são regidas pela lei de sintonia, de afinidade, da qual nós é que possuímos o "controle remoto". Assim, as companhias espirituais que temos dependem da natureza da sintonia que estabelecemos. Isso justifica o valor do pensamento positivo, otimista, por atrair espíritos que se ajustam a esse padrão vibratório.

A lei da sintonia também nos dá o verdadeiro significado da oração e da sua dinâmica. Orar é buscar um estado íntimo e espiritual de padrão vibratório mais elevado, bem superior ao nosso "normal". E assim conseguimos entrar em sintonia com espíritos benfazejos, que podem nos dar boas intuições.

Não são as palavras que importam, se decoradas ou não, o que prevalece é o grau de sublimação que conseguimos atingir no momento da prece. Caso contrário, se oramos com palavras ditas por movimentos labiais mecânicos, podemos considerar, de forma jocosa e metafórica, que nossas preces nem atravessam o telhado.

Para que nossas orações "atravessem o telhado", interessa, sobretudo, que as palavras brotem do coração, da alma, revestidas de sentimento. Palavras que não precisam ser ditas, quando estamos sós, pois as preces podem ser feitas em silêncio.

O próprio local não é importante, apesar de certos lugares propiciarem mais facilidade para conseguirmos as condições íntimas necessárias para uma prece eficaz. Com uma boa concentração, podemos orar até em locais públicos, mesmo rodeados por gente alheia a nossa intenção.

Encerrando na forma de prece, desejamos que a foto[60] da capa deste livro possa ser fonte inspiradora para que, ao viver a vida, consigamos construir caminhos floridos e perfumados!

---

[60] Vista, do fim para o início, do caminho de entrada do Centro Espírita Amor e Caridade, situado em zona rural do município de Buritama - SP, fundado em 1944, pelo nosso avô paterno José Angelo Rodrigues (1878-1948), o venerado Tio Zeca, casado com Jerônima Cândida Cintra (1853-1962), a estimada Vó Jerônima (o casal teve 11 filhos e 55 netos; atualmente são 140 bisnetos e 177 tataranetos).

Apêndice

MEDIUNIDADE PARA DESENVOLVER

Alguém chega pela primeira vez ao Centro Espírita, relata um problema de natureza espiritual, uma perturbação ou uma obsessão, e aí o dirigente orienta:

– Você tem mediunidade para desenvolver. Participe das reuniões de desenvolvimento mediúnico!

Nesse tipo de orientação há um equívoco triplo: 1º) o diagnóstico apressado de mediunidade para desenvolver; 2º) a colocação, à mesa de trabalhos mediúnicos, de alguém que não tem qualquer conhecimento do assunto; e 3º) o encaminhamento ao desenvolvimento mediúnico antes do tratamento espiritual.

Em *O Livro dos Médiuns,* Allan Kardec[61] afirma que:

> Nenhum indício há pelo qual se reconheça a existência da faculdade mediúnica. Só a experiência pode revelá-la.

Kardec[62] volta ao assunto e confirma:

> Infelizmente, até hoje, por nenhum diagnóstico se pode inferir, ainda que aproximadamente, que alguém possua essa faculdade. Os sinais físicos, nos quais algumas pessoas julgam ver indícios, nada

---

[61] Allan Kardec, *O Livro dos Médiuns,* 39ª edição FEB, p. 78.
[62] Allan Kardec, *ibidem,* p. 237-239.

têm de infalíveis. Ela se manifesta nas crianças e nos velhos, em homens e mulheres, quaisquer que sejam o temperamento, o estado de saúde, o grau de desenvolvimento intelectual e moral. Nenhum só meio existe de se lhe comprovar a existência. É experimentar.

É só através da experimentação, portanto, que podemos concluir se é realmente caso de mediunidade para desenvolver.

Mas, segundo Kardec[63],

indispensável se faz o estudo prévio da teoria, para todo aquele que queira evitar os inconvenientes peculiares à experiência.

Kardec[64] já havia feito essa recomendação três vezes:

a) O meio, aliás, muito simples, de se obviar a inconvenientes, consiste em se começar pela teoria;

---

[63] Allan Kardec, *ibidem*, p. 245.

[64] Allan Kardec, *ibidem*, p. 44, 45 e 47.

> b) Ainda outra vantagem apresenta o estudo prévio da teoria - a de mostrar imediatamente a grandeza do objetivo e o alcance desta ciência;
> c) Tais os motivos que nos forçam a admitir, em nossas sessões experimentais, apenas quem possua suficientes noções preparatórias, para compreender o que ali se faz, persuadidos de que os que lá fossem, carentes dessas noções, perderiam o seu tempo, ou nos fariam perder o nosso.

Está demonstrado, portanto, que indevido é sentar-se à mesa de trabalhos mediúnicos sem qualquer conhecimento do assunto. E, no caso da pessoa portadora de algum problema de natureza espiritual, antes precisa atingir o reequilíbrio, através de um tratamento no centro espírita, como a fluidoterapia, por exemplo. Absolutamente não se deve levar um obsidiado a participar das reuniões de desobsessão, pois segundo Kardec[65],

> as reuniões não devem aceitar o concurso de qualquer médium obsidiado, ou fascinado, porque lhe seria mais nocivo do que útil.

---

[65] Allan Kardec, *O Livro dos Médiuns*, 39ª edição FEB, p. 418.

Assim, com relação aos que buscam o Espiritismo com interesse em desenvolver a mediunidade, o ideal é a formação de novos grupos, voltados para esse objetivo específico. Kardec[66] afirma que:

> reunir certo número de pessoas, todas animadas do mesmo desejo e comungando na mesma intenção, pode contribuir fortemente para desenvolver a faculdade mediúnica.

E Kardec[67] acrescenta:

> Se muitos forem os que experimentarem, haverá mais médiuns do que em geral se pensa.

Feito um ciclo completo de experimentação, aí sim, podemos concluir sobre os que têm e os que não têm mediunidade a desenvolver, naquele momento, pelo menos. De acordo com Kardec[68],

---

[66] Allan Kardec, *ibidem*, p. 242.
[67] Allan Kardec, *ibidem*, p. 247.
[68] Allan Kardec, *ibidem*, p 243.

se não existirem rudimentos da faculdade, nada poderá produzi-los.

Para formar um grupo novo de estudo e experimentação mediúnica, sugerimos adotar o programa do COEM (Centro de Orientação e Educação Mediúnica), criado pelo Centro Espírita Luz Eterna, de Curitiba, que possui uma estrutura teórico-prática excelente[69].

[69] No COEM, as reuniões são alternadas: numa semana é teórica, na seguinte é prática, e assim por diante. E mesmo nas reuniões práticas, há uma parte teórica. Os exercícios práticos são gradativos e acumulativos: na primeira prática se faz apenas uma concentração e nas práticas seguintes são introduzidos novos exercícios (prece, irradiação, passe, identificação fluídica, psicografia e psicofonia), sempre repetindo todos os anteriores. Até a metade do COEM não permitimos o intercâmbio mediúnico mesmo que haja no grupo algum médium com experiência anterior. Por dois motivos: 1º) antes precisamos de um mínimo de informações teóricas; 2º) necessitamos de um mínimo de reuniões para o grupo se afinizar, se harmonizar, o que é imprescindível. Então, algum eventual médium com experiência de outros grupos ou outros centros, é solicitado, até a metade do COEM, a fazer o exercício importante de "não receber" entidades, adquirindo com isto maior controle sobre sua faculdade. Desde 2001, o Centro Espírita Luz Eterna disponibiliza gratuitamente, em seu site: (www.cele.org.br), o manual de aplicação e os resumos das unidades do COEM.

CONHEÇA TAMBÉM

Um Novo Olhar Sobre o Evangelho

Beatriz P. Carvalho

Estudo sobre o evangelho • 16x23cm - 376p.

Com novos olhos, abertos agora com o conhecimento espírita, apreendemos com facilidade todas as verdades contidas nas palavras de Jesus. Este livro procura dar subsídios justamente para o leitor refletir sobre isso: a integração e completude formadas pela leitura espírita dos Evangelhos. Por meio desta leitura, novas luzes se farão presentes mostrando-nos a clareza e simplicidade de verdades eternas prontas para conduzir-nos a um estado permanente de paz.

Dois Olhinhos - O menino que veio das Estrelas

Jairo Capasso • 15,5x21,5 cm - 40p.

O autor Jairo Capasso apresenta uma obra enriquecedora para aqueles que preocupam-se com a educação e com a formação de nossas crianças. Num momento em que os valores morais e éticos mostram-se distorcidos em nossa sociedade, o autor publica uma alternativa aos pais que buscam ensinar os princípios do amor a seus pequenos, que no futuro, serão os grandes mandatários da nação.

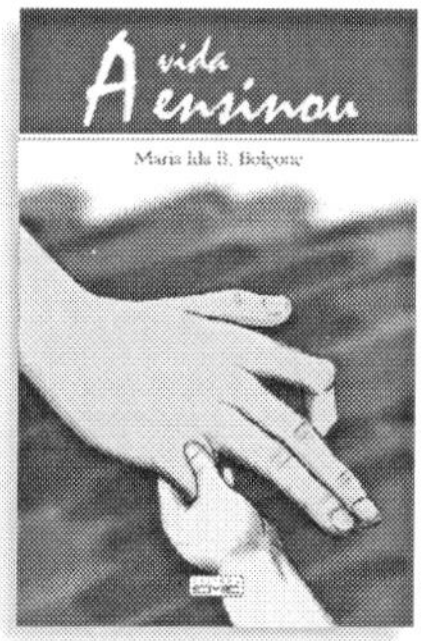

A Vida Ensinou

Maria Ida B. Bolçone

Contos • 14x21 - 224p.

Precisando de bons contos para ler, comentar e transmitir ensinamentos cristãos aos seus filhos, netos e educandos? Esta obra nos presenteia com trinta e seis excelentes contos que poderão ser lidos e trabalhados no evangelho no lar, nas aulas de educação espírita infantil ou mesmo diariamente com seus pequenos aprendizes.

Não encontrando os livros da EME na livraria de sua preferência, solicite o endereço de nosso distribuidor mais próximo de você através do Fone/Fax: (19) 3491-7000 / 3491-5449.
E-mail: vendas@editoraeme.com.br – Site:www.editoraeme.com.br